生态语文视野下的
识字与阅读教学

杨德华◎著

吉林大学出版社

图书在版编目（CIP）数据

生态语文视野下的识字与阅读教学 / 杨德华著. —长春：吉林大学出版社，2019.2
ISBN 978-7-5692-4332-1

Ⅰ.①生… Ⅱ.①杨… Ⅲ.①识字课—教学研究—小学②阅读课—教学研究—小学 Ⅳ.①G623.202

中国版本图书馆 CIP 数据核字（2019）第 036024 号

书　　名	生态语文视野下的识字与阅读教学 SHENGTAI YUWEN SHIYE XIA DE SHIZI YU YUEDU JIAOXUE
作　　者	杨德华　著
策划编辑	李潇潇
责任编辑	李潇潇
责任校对	王斯莹
装帧设计	中联华文
出版发行	吉林大学出版社
社　　址	长春市人民大街 4059 号
邮政编码	130021
发行电话	0431-59580028/29/21
网　　址	http://www.jlup.com.cn
电子邮箱	jdcbs@jlu.edu.cn
印　　刷	三河市华东印刷有限公司
开　　本	170mm×240mm　1/16
印　　张	11
字　　数	120 千字
版　　次	2019 年 4 月第 1 版
印　　次	2019 年 4 月第 1 次
书　　号	ISBN 978-7-5692-4332-1
定　　价	45.00 元

版权所有　　翻印必究

目 录
CONTENTS

第一章 生态语文阐释 …………………………………… 1

第一节 生态与生态语文 …………………………………… 2

第二节 语文教学的非生态性 ……………………………… 7

第三节 生态语文的基本特征 ……………………………… 17

第四节 生态语文系统中的知识节点 ……………………… 33

第二章 生态语文视野下的识字教学 …………………… 44

第一节 小学阶段应让学生识多少字 ……………………… 44

第二节 成功的识字教学方法评述及对生态识字的启示 …… 48

第三节 遵循规律高效识字 ………………………………… 56

第四节 把握年级特点完成各年段的识字教学任务 ……… 62

第五节 生态识字的实践探索 ……………………………… 70

第三章　生态语文视野下的阅读教学 …………………………… 84

第一节　"三段十读"教学法:以读为主线安排阅读教学结构 … 84
第二节　"立足课堂,两头延伸"教学模式:尊重个性化的
阅读体验 ……………………………………………… 95
第三节　"以疑为线索,以思为核心"的教学模式:阅读贵在有疑,
以读思解疑 …………………………………………… 103
第四节　以"本"带"本"实验室读书行动:鼓励学生海量阅读 … 109
第五节　"10+5"阅读行动:倡导学生读整本的书 …………… 114
第六节　国学经典诵读的银杏树模式:传承优秀文化、打牢
人生的底色 …………………………………………… 124
第七节　切实落实立德树人:阅读教学中的思想教育谈 ……… 145

附录1　帮助学生选择好课外读物 …………………………… 154

附录2　诵读国学经典　根扎文化土壤 ……………………… 157

附录3　提升国学经典诵读实效性的路径研究 ……………… 159

参考文献 ………………………………………………………… 168

后　记　为了语文教育的理想 ………………………………… 169

第一章

生态语文阐释

生态语文，为学生创造一种自然有序的、生机勃勃的、和谐共生的母语学习氛围，尊重规律，运用规律，追求语文学习的质朴自然状态，以学生语文素养的全面提升为目标，精读博览，实现小学语文教学质量的大面积丰收。

语文教育，即母语教育，源远流长。自从有了语言的交流，便有了语言教学，其中的口口传授就是语文教育。中国有文字记载的历史就有两千多年，假如从形成中的汉字算起，也至少有五千年的历史了，语文教育也就有五千年了。中华文化的辉煌大厦的缔造，母语教育是一块不可估量、难以替代的基石。生态语文，以崭新的视角、全新的思路，研讨全面提升学生的语文综合素养，为人的一生发展奠基。

第一节 生态与生态语文

时下,与生态有关的词语很多:生态食品、生态环境、生态农业、生态林业、生态工业、生态旅游、生态文明、生态伦理、生态入侵、生态园、生态乡村、生态因子、原生态演唱、生态中国、生态山东、生态城市、生态家园……不胜枚举。

一、什么是生态

"江南可采莲,莲叶何田田。鱼戏莲叶间,鱼戏莲叶东,鱼戏莲叶西,鱼戏莲叶南,鱼戏莲叶北。"

"村落晚晴天,桃花映水鲜。

牧童何处去?牛背一鸥眠。"

这些诗篇,生动地描绘了自然之秀美、人与自然的和谐相处,是生态优美的绝妙画面。

生态,是生态学研究中的重要概念。生态学是研究生物和环境之间相互关系及其作用机理的科学。所有生命体的生存都不是孤立的:不同个体之间有互助有竞争;动物、微生物、植物之间也存在复杂的相生相克相依关系。人类为满足自身的需要,不断改造周边的环境,客观环境反过来又影响人类。所有生物(包括人)同类个体之间、不同类个体之间、个体与环境之间都相互有关联。这种关联协调有序，生态就是积极向上的、正能量的；关联的不和谐，就会带来生命运动的无序，失掉生态系统物质循环和能量流动的能力。健康的生态系统是稳定和可持续的，在时间上能够保持它的组织结构和自治。

二、生态语文的含义

生态语文是借用生态学中语汇发展而来。所谓生态语文，是指学生与语文学习相关的诸多要素之间构成了一种生态环境。与语文学习相关的诸要素包括学习的内容、学习的方式、学习的环境（课堂、学校）、学习的态度、师生学习共同体的构建、学习的成效等。健康的生态语文，应当是诸要素之间和谐稳定，是一个高效有序的循环系统。学生是这个生态系统中最具有生机和活力的生命体，语文教学活动应当是生命体之间、生命体与语文文本及周围一切的情感交流、思想沟通和生命的融合。生态语文是一种自为、自在的状态，或者说是语文人对语文教学一种良性"生态"的憧憬。它至少包括以下几个层面的意义：

1. 语文应当是生命语文

生命语文至少有两方面的含义。

一方面，语文的学习者——学生，是有生命、有个性、有尊严、有活力的人，处于语文生态系统的突出位置，语文教育的一切活动都应当围绕学生展开。学生都是独特于他人的"这一个"，生命体之间千差万别，语文教育要尊重差异，要把立德树人、完善人、发展人作为语文教育的根本使命。

教师把学生真正视为"人",教师要尊重学生的个性和人格,切实发挥学生的主体作用,所有外在的作用力唯有通过学生个体的主观能动性才能起作用。师生是合作伙伴,语文的学习是师生以文本为媒介相互交流、交互学习、教学相长的过程。把学生视为人,就否定了学生是知识灌输的容器,否定了教学方式上的程序化、一刀切。

另一方面,语文教学的内容应当有血有肉、有情有义,有生命力。学生阅读的文章篇目要有典范性。要精心选择文质兼美的文章,剔除那些思想陈腐、内容艰深、语言枯燥的篇目,所选篇目要历经岁月的淘洗,具有永久的生命力,散发着人性的光辉,闪耀着思想的光芒,传递着永恒的精神,语言优美,脍炙人口,音韵和谐,是语言表达的典范之作。学生习得的必须是是有生命力的语言。

情是语文的真谛。做任何事,有了情感的投入,就会事半功倍,就像给火箭安上了推进器一样。语文教学要挖掘学习内容的情感因素,坚决反对把语文课上成干干巴巴的语言训练课。

生态语文站在关注生命的高度,唤醒学生的生命意识,引导学生"领悟生命之艰辛、欣赏生命之美好、探求生命之意义、实现生命之和谐,最终实现生命质量的精彩与全面提升"。

2. 语文应当是生机语文

语文生态园应当是千姿百态的,不仅有小草、鲜花、绿地,也有乔木、灌木、大树,细细听来,能够倾听到植物拔节生长的声音,听到生命的律动。生态园里应当是生机勃勃的,学生学习的内容、方式、氛围是绚丽多彩的,不是枯燥的、乏味的、单调的,应当展示人的勃发状态，展示学生由不懂到懂、由不会到会的过程，展示学生语文素养的生成、提升过程，从而让每一个学生喜欢语文，爱上语文。语文生态园是生长着的、动态的、生生不息的、可持续发展的，它更是灵动的、鲜活的……学生与教师、内容与环境之间的全新组合，是学生与影响语文学习各要素之间生长调和状态的最优化。

3. 语文应当是生活语文

生活的边界就是教育的边界，生活的范围就是课程的范围。语文学习的外延必须拓宽，生活的外延就是语文学习的外延，语文学习不能割断与生活的紧密联系。语文学习要将学生从抽象、虚拟的文本中解脱出来，给学生感受自然、社会、事实、人物、事件、过程的机会，使学生在与实在世界的碰撞、交流中产生对世界、对生活的爱，从而自觉地、主动地去获取知识。

语文教学注重与生活的联系，引导学生在生活中学语文、用语文，掌握了语文这个工具才能更好地生活。教学目标要生活化，不仅使学生具备基本的听、说、读、写能力，更重要的是培养学生学习语文的愿望，形成语文素养。教学内容要生活化，语文教材的学习与社会生活、学生生活经验紧密结合。教学活动方式生活化，让学生积极参与有效的语文实践活动和社会实践活动，让学生从多彩的生活中多方面获取学习语文的材料，扩大学习语文的视野。努力尝试着把它放到学生生命的长河里，让一颗颗小石子，荡起一朵朵美丽的浪花，甚而能再泛起圈圈的涟漪，让语文的学习充满生命的活力。

语文教学要消除学校与生活之间的"壁垒",将师生从课本世界、课堂世界解放出来,拓宽语文学习的视野。美国教育家杜威说,"教育即生活,学校即社会",陶行知先生也说,"生活即教育,社会即学校"。把语文融入生活,让生活贴近语文。把语文融入生活,就是在学习语文的时候,要从学生的生活入手,找到文本与生活的最佳契合点,打通书本世界和生活世界。

让生活贴近语文,就是在运用语文的时候,以为生活服务为目的。离开了生活,语文运用就无用武之地。一位教育家说:"语文教学的改革也得寻找它的'根',这'根'就是实际生活中语文运用的情况。"

4. 语文应当是快乐语文

我们每天与母语打交道,母语学习是快乐的。快乐语文有两方面的含义:一是当下学生的语文学习是快乐的,学习过程、学习状态是快乐的;二是学生熟练掌握了语文这个工具后,对他未来的生活、学习、工作有极大的帮助,结果是快乐的,能自如、快乐地使用语言这个工具。

当然,也要辩证地看待快乐:快乐是相对的,快乐是一种状态和体验,因人而异;今天的快乐是为明天的快乐奠基;这里所说的快乐,绝不是常人所理解的说几个庸俗的笑话带来的,这里的快乐是一种上升到生命意义的,是一种迸发智慧的火花、创造力被激发和生命个性得到充分张扬后的愉悦,是一种师生共同参与的愉快情感历程。快乐的目的,正是我们语文教育追求的最高境界——在愉快的氛围中不知不觉地受到语文的熏陶、感染,培养语文能力,全面提高学生的语文素养。

5. 语文应当是实践性很强的应用语文。一个人学骑自行车，如果仅仅教他如何扶车把、如何溜车、如何骑行，他是不会骑车的。只有把学画要领讲清，然后让他自己骑行，哪怕摔跤，他才能学会骑自行车。语文的学习也是如此，必须让学生在学习运用语文的过程中学会语文。

生态语文，就是以学生为本，以语言的习得为本，以运用为本，让学生回归绿色宁静、自然真实、简单精要的语文，建立一个生态和谐的语文教育环境，凸显语文的本色。语文教学要站在关注生命的高度，面向每一个学生，聚焦人的生命意义和价值，充满德的温馨和技能的熟巧，充满人文关怀与生命情趣。

第二节 语文教学的非生态性

多少年来，语文教学饱受争议：学生的语文能力和语文水平整体不高，不少学生对语文学习不感兴趣，学生家长不满意，教育工作者自身不满意，社会各界人士不满意。语文教育一直是在批评和反思中前行。

一、语文教学存在的问题

语文教学存在的问题，可以概括为四个字：费时低效。换言之，大投入、低产出。

（一）大投入的表现

1. 语文教师数量最多。在每一所学校中，从事语文教学的老师数量最多，占全校教师的比例最高。笔者调研的学校共有160名教师，其中语文教师59名，分管语文的业务干部2名。一份资料表明，某县有3600名小学教师，其中语文教师1310名，有三分之一的老师从事语文教学与管理。

2. 家长的关注程度高。不少家长从孩子三四岁起就教背古诗词、学数数、学认字，随着年级的升高，高年级的很多数学题可能不会做了，但他依然可以督促、检查孩子的课文是否已经背过、作文写得怎么样。家长知道3+x高考，语文很重要是排在第一位的，还知道多读书就能提高语文学习成绩。

3. 语文课时最多。语文学科是义务教育课程中用时最多的，比如《×××市义务教育课程设置方案》中规定，语文1—6年级周课时数是8、8、7、7、6、6课时，一二年级周课时总数为26课时，而语文则占31%，而课表上低年级数学的周学时数为4课时。新中国成立以来，语文学科授课时数最多的时期是20世纪60年代，大约占总授课时数的38%。新课改以来，义务教育学段语文学科授课时数占总课时的20%~22%。

4. 学生的人生黄金时间是和语文结伴而行的。学生从咿呀学语开始，便与语文打交道，小学6年，初中3年，高中3年，大学4年，每年在学语文，学语文整整16年！人生的求学时间离不开语文的陪伴。

（二）低产出的表现

1. 学生语文学习效果差。学生从小学到大学本科毕业，用了16年的黄金年华学语文，却不及旧时只读了五六年私塾的童子那样能出口成章、下笔成文，更遑论在经史子集里的较量了。大学生毕业论文错别字连篇，病句很多，本不该出现在大学阶段的并不高级的语言问题却多得令人瞠目，教授得先改学生论文的错别字、改错的标点符号。一位学者在对课改实验区调查后坦言：中小学生作文使用的词汇量大幅度减少，大多局限在网络用语，且很不规范，这种情况已影响到学生思维的深度、广度、丰富性、缜密性。语文教学花样百出，每每翻新，今天这样一个新实验，明天那样一个新成果，但学生们的语文水平却每况愈下，这是不争的事实。

2. 全社会讨伐语文。多年来，语文教学费时低效的问题一直困扰着语文教育工作者。1978年，吕叔湘先生就发出了"十年时间，二千七百多课时，用来学本国语文，却是大多数不过关，岂非咄咄怪事"的感叹；二十年后，1998年，《中国教育报》接连发表署名为李建平的文章，对语文教学的费时低效问题提出了尖锐的批评，有些刊物也相继刊发了《误尽天下苍生是语文》等文章，言辞虽有些偏激，但切中要害、令人深思；2018年，又一个20年过去了，新修订的《语文课程标准》颁布了，语文费时低效的问题在全国范围内仍然没有很好地解决。展望下一个20年，语文教育是否还是涛声依旧？！

3. 语文的学习甚至成为一种负担。笔者在某小学做过一份调查问卷，我对让学生对开设课程的喜欢程度排序，音乐、体育、美术排在前列，语文学科的排名靠后。汉语是我们的母语，我们每时每刻都在使用，但是学生对语文的喜欢程度不高。2006年的一份《中国教育报》披露权威部门对部分大中城市中小学生的调查结果：37%的教师、60%的中小学生认为负担"比较重"或"过重"。语文学习补课多、作业多、考试多，学生睡眠少、体育活动少、社会实践少。重复枯燥的语文学习，使学生学习热情与兴趣透支，中小学语文教师教得辛苦，学生学得辛苦，语文人的幸福指数不高。

4. 一个奇怪的现象。20世纪二三十年代，在私塾教育的启蒙下，人才辈出，文学创作活动层出不穷，文学大师星河灿烂，鲁迅、茅盾、巴金、冰心、叶圣陶、胡适、张恨水、郁达夫、郭沫若、沈从文、蒋光慈、张爱玲、徐志摩、老舍、曹禺、余光中、钱钟书……新中国成立后，有影响力的文学大师又有多少呢？张贤亮、莫言等。现代学校的学习方式、学习内容、教学手段、学习环境比私塾不知强了多少倍，怎么就培养不了文学大家呢。从私塾里走出来的秀才，水平深受乡邻的称赞，会读、会说、会写，现在的大学生遍地都是，有几个让人佩服呢。这也算是现代语文教育的失败吧。

二、语文教学存在问题的症结

什么原因造成了语文教学的费时低效呢？症结在语文教学的非生态性。语文的非生态性表现在以下几方面：

1. "筐子"语文

语文学科是义务教育的重要和基础学科，学科性质历来是摇摆不定，有时强调工具性，有时突出思想性，尽管人们都强调人文性与工具性的辩证统一，但在实践中总是左右摇摆。语文学科性质的难以把握，导致了语文是个筐，什么都往里装。

一味地突出思想性、人文性，语文学科有时承担了思品课或其他课程的任务，如品德教育、思想教育、环保教育、安全教育、礼貌教育、习惯教育、纪律教育等，一应俱全。新中国成立后小学教材中的第一篇课文是这样的，"毛主席，像太阳，他比太阳更光亮。小兄弟，小姐妹，大家一齐来歌唱：太阳太阳永远光亮，我们跟你永远向上。"那时的小学语文课文很简单，第一课就是毛主席祝词，课本内容中关于毛主席等国家领导人的很多，如《毛主席尊敬老师》《八角楼上》《毛主席在花山》《毛主席小时候是怎样学习的》等，"文革"期间的课文多是忆苦思甜、千万不要忘记阶级斗争等。语文课有时上成品德教育课，有时上成自然常识课、哲学课、历史课、美术课、音乐表演课。

教学中泛语文的东西太多。课文《祈黄羊》写的是祈黄羊处理事情时公正公道，不偏向任何一方，可谓举贤不避亲。有位老师教学完《祁黄羊》后，联系实际安排学生搞民主选举，让学生体会只有民主选举才是最好的选人用人机制，白白浪费八九分钟的时间。四年级课文《采蒲台的苇》有这样一段话：

敌人问"你是八路？""不是！""你村里有干部？""没有！"敌人砍断他半边脖子，又问："你的八路？"他歪着头，血流在胸膛上，说："不是！""你村的八路大大的""没有！"妇女们忍不住她们一齐沙着嗓子喊："没有！没有！"（选自小学语文教科书）

一位老师运用情景教学法、表演法组织教学，有的学生扮演鬼子，有的解说，有的扮演群众，由于学生对语言揣摩得少、对课文没有读进去，再加上一些抗日电视剧的影响，"鬼子"的滑稽扮相、搞笑的语言、夸张的动作，使学生哄堂大笑，教学效果极差。

各种教改实验如雨后春笋、层出不穷、花样翻新，把语文课搞得花里胡哨，贴着语文创新的标签，干着非语文之事，语文课已然不是语文课了。

2．"葫芦"语文

有篇课文叫《我要的是葫芦》，讲的是一个人种葫芦时，只知道要葫芦的果实，别人劝他杀死葫芦叶子上的蚜虫，他却说，"什么？叶子上的虫还用治？我要的是葫芦。"到后来，原本可爱的小葫芦一个个落光了，结果什么都没有得到。应试背景下的语文教学也存在着这种现象，只要分数，教学目的不是全面提高学生的语文素养。考什么，教什么，考试是指挥棒，教学围绕着考试转，目的仅仅是为了博得一个高分数。

有一份考试卷，引用了一个寓言故事。蚂蚁掉进墨水瓶里，然后爬出来在白纸上爬，爬呀爬，留下了很多花纹，其他的蚂蚁就很高兴，表扬它，得意扬扬的蚂蚁又爬回到墨水瓶里想继续蘸墨创作，不料却被淹死了。在故事后面有一道问题"蚂蚁为什么会死？"不少学生回答：因为蚂蚁太骄傲，失去了自我。有的学生回答是，蚂蚁在同伴的欢呼表扬中失去了自我。按道理这两个答案很好，但标准答案是：蚂蚁死去的原因是因为它又回到了墨水瓶里被淹死了。

有一个真实的事情：刊物《实验通讯》1996年第2期报道，某省××市在一次小学升初中的语文考试中，为一个字的读音引发了一场官司。考试题目是给"自作自受"的"作"注音,标准答案为zuo(阴平),有部分学生的答案为zuo(去声),被扣掉一分。而恰恰因为这一分之差,进重点校需交"赞助费"6000元。家长不服,告到法庭上。原告的依据是国务院正式公布的《普通话异读词审音表》,被告的依据是《现代汉语词典》,两者有差别。

在"分,分,分,学生的命根"的错误观念下,为了争取一个好分数,老师不惜布置大量机械重复的作业,一个生字写十遍百遍的大有人在;考试中常有这样的考题,用自己的话说说某一诗句的意思,结果老师在平日的教学中硬是把教学参考书上的标准答案塞给学生,让学生死记硬背。

关于笔顺的学习更是把学生折腾得死去活来,如乃、力、九,第一笔是什么。标准答案只有一个,学生只能死记硬背。其实,先写哪一笔都未尝不可,不会影响字的美观,更不会影响其他。但是,不按标准答案来,不行,考试就是错。类似的字很多,"匕""兜""凹""凸""敝""兆""臣",占用了学生多少宝贵的时间,学生不是学者,不是文字学家,有这个时间能读多少课外书!

应试教育,只要分数,只唯分数,害了学生,也害了语文!

3."花盆"语文

花盆语文是指语文教学的途径单一,语文教学的视野狭窄,存在着语文教学就是课堂教学,教学内容就是语文课本的倾向,忽视了多姿多彩的语文实践活动对学生语文素养形成的巨大作用;教学模式呆板封闭,缺乏应有的开放性,仅仅是"就语文而教语文",局限在一个小圈子里,不能确立"生活的天地多么宽广,学生学语文的时空就多么广阔"的理念。课堂自身的生态系统和其外部生态系统割裂，造就了语文的"花盆环境"。花盆语文导致语文学习是一个封闭的系统，因为封闭，学生往往和少得可怜的几篇课文打交道，教学模式僵硬程式化，教学的路子就是"揭示课题——认识生字——质疑问难——分析课文——巩固练习——复习考试"这样涛声依旧的教学模式。"花盆效应"削弱了语文教学中学生主体作用与创造性、求异思维能力，泯灭了实践精神，也就失去了生命的活力。

有字之书（课本）、无字之书（实践），课堂、课外、校内、校外，应该是融会贯通的，都是学生语文学习的阵地，生态语文必须走大语文教育之路。

传统语文教学往往缺乏整体的研究，不能正确地理顺"识字，阅读，写作，综合实践，口语交际"各部分的关系，各部分常常是相互独立的领域，教学研究时往往单打一，一些教研活动展示阅读教学与习作教学的多一些，真正进行语文整体改革的研究不多。

生态语文拒绝"花盆"语文，生态语文应当是大田语文。

4."瞎子"语文

《课程标准》中虽然规定了各年级段的阶段性教学目标，但比较模糊，不同的人有不同的理解，具体的教学目标因人而异，可以说除了识字、诗文背诵、标点符号，其他内容全凭教师个人的理解。语文教学目标的模糊性，导致着任课教师无所适从。

《九寨沟》是四年级的一篇课文，使用该教材的不同地方的三位老师各自确定了如下的教学目标。

甲老师

1. 学会10个生字，田字格上的1个只识不写。理解由重点生字组成的词语。正确流利有感情地朗读课文。能背诵课文第3－5自然段。

2. 了解最后自然段在全文中所起的作用。

3. 认真揣摩课文的语言文字，感悟九寨沟的神奇与美丽。激发学生热爱大自然、热爱祖国秀丽河山的思想感情。

乙老师

1. 学会本课10个生字，理解6个生词。

2. 流利、有感情地朗读课文，背诵第3、4、5自然段。

3. 欣赏九寨沟美丽的自然风光，用多种方法激发学生热爱大自然、热爱伟大祖国的思想感情。

丙老师

1. 理解课文内容，了解九寨沟美丽的自然景色，培养学生热爱大自然、热爱祖国的思想感情。

2. 学会10个生字，理解生词。正确、流利、有感情地朗读课文。背诵课文第3、4、5自然段。

3. 积累文中的优美词句和精彩句段，能结合课外阅读和生活中获得的相关语言材料，练习当小导游介绍九寨沟。体会作者描写九寨沟美景所用的表达方法，激发学生热爱大自然热爱祖国的思想感情。

一个课程标准指导下，相同的教材，不同的执教者，确立的教学目标差异很大，尤其是对于语言的运用差异最大。

还有一个习作的例子。学生在作文《妈妈回来了》，这样写道：

前段时间，妈妈去杭州学习，去了很长时间，可能有一个半月吧。今天，妈妈终于从杭州回来了，我非常高兴！因为妈妈怀抱很暖和。因为妈妈回来了爸爸的生日就会过得更好。因为妈妈在家里就能给我读书……妈妈不在的时候，我很想她，想妈妈的感觉，是一种想哭的感觉。

笔者做了一个实验，把该篇作文和四年级一次考试中的类似作文混在一起，让阅卷老师批阅。批卷老师给出的结果是不及格，原因是作文篇幅太短，仅有122个字（含标点）。其实，这是某一届"冰心作文奖"获奖的作文，由二十多位硕士研究生组成的评委一致通过，给予一等奖。获奖理由是作文说了真话、说了实话。

可见教学目标的模糊性，导致了语文学习的低效。迫切建议组织有关专家制定较为翔实的、可操作的各学段分目标。

5. "君子"语文

有一俗语说，君子动口不动手。不知何时起，语文课堂也成了"君子课堂"，让学生只动口不动手，说得多，写得少。语文课堂教学效率低，确实存在着"两少、两多"的现象，即：老师讲得多，问得多；学生读得少，写得少。讲，面面俱到；问，一问一答，频繁琐碎，挤占了学生动脑思考、动手写作、动口表达的宝贵时间。小学低年级一篇百余字的短文，教师要讲上整整一节课，教学课件眼花缭乱，一会儿教师问学生答，一会儿学生唱跳，美其名曰新理念语文和其他学科整合，课堂气氛很活跃，学生有效的思考时间没有，揣摩感悟语言的时间没有，课堂上连写生字词语的时间都没有。

尽管如此，课堂上还常完不成教学任务，课后需要布置大量的作业，没有时间进行有价值的有效的读写训练。

训练的密度不够，语言的积累不够。多读、多写本来是语言学科教学的规律，然而，学生读书的量明显不足，每学期一册薄薄的教材，仅仅二十几篇课文；写话习作训练的量明显不足，每学期只做八篇大作文。

生态语文，琅琅书声与深思默读结合，该读则读，该写则写，寻找人文感悟与语言训练的最佳结合点，既不能因培养学生的语文能力而机械枯燥地训练，肢解了课文；也不能因重人文熏陶而只让学生去感悟，弱化了语言的学习。

第三节　生态语文的基本特征

生态语文，以优质高效促进学生的可持续发展为目标，追求自然的、绿色的、和谐的过程。它有以下几个特征：

一、系统的整体有序性

作为语文生态系统，包括生态内部系统与外部系统。内部生态系统的主要因素是学生——教师——教材——课堂。外部系统主要是影响学生语文学习的因素，包括母语环境（社会大环境对儿童学习母语有直接影响、影视媒体）、学生的生活环境（包括学生的家庭环境、家长等）、学校环境（含教室文化、校园氛围、学校活动、语文实践活动、校内的通告与广播等）。

1. 整体性

语文生态是一个系统，就要从整体上去把握，要辩证地看待整体和部分的关系。

（1）相对于学生一生的发展而言，语文素养是部分。语文教学要站在"立德树人""为人一生幸福和终生发展的储备必需的语文素养"这个大的整体下看待语文教学，语文教学到底为了什么。

（2）整个的义务教育的语文教学是一个整体，小学语文教学是一个部分。整体目标是什么？小学语文教学要在整体目标的引领下，达成自身的目标，要把小学语文教学的目标放在整个义务教育的目标下审视。

（3）整个的小学教育是一个整体，语文教学是一个部分，小学语文教学和小学的其他学科组成了是一个整体，要遵循时间性原则。语文学科是一门基础而重要的学科，虽然重要，但不能占用其他学科的教学时间，必须在有限时间里完成各项目标。教学设计决不能只考虑某一单项训练，识字、阅读、作文、综合实践与运用，要通盘考虑。

（4）整个的小学语文教学是一个整体，识字与写字、阅读、写作、口语交际、综合性学习都是提高学生语文素养的一个部分。要在整体的观照下，最大限度地优化完善每一个部分。

（5）就阅读教学而言，课内阅读和课外阅读是一个整体，构成大阅读，课内打基础、教方法，课外促发展、重迁移。就阅读教学的流程而言，课前、课中、课后，组成一个完整的整体。课前，让学生充分读书，充分自学，充分查找有关资料，从而提高了课堂教学的起点；课中，阅读教学的主体；课后，学生充分地阅读课外书，充分地练笔，充分地发挥个性特长。把课堂和课余看成是一个不可分割的整体，突出课堂这一中心，向课前和课后延伸，从而走大教育之路。

（6）就一册语文教材而言，一册书是一个整体，每个单元是部分。本册教材总的教学目标要明晰，每组教材的教学内容、教学目标也要清晰。

（7）就一组（单元）语文教材而言，一篇篇课文是部分。

（8）就一篇课文的教学而言，要从整体入手，然后到部分；就教学过程而言，既要引导学生理解课文写了什么，还要感悟文章是怎样表达的，教学过程应当是完整的。

2. 有序性

系统是由一个个要素构成的。影响语文生态系统的因素很多，如果不能理顺各要素的关系，就会使系统杂乱无章，形成内耗，就不是健康的生态系统。

农业上作物的种植有一个序列：耕地→播种→施肥→浇水→收获→储藏，每一个阶段需做好每一个阶段的工作。同样的，生态语文教学也讲求序。

（1）要理清各个系统的"序"

认真研究《语文课程标准》，理清各个学段、各个年级、各个知识点的序。

如识字的序。低中高关于识字的序就是：低：喜欢学汉字，有主动识字的愿望,学习独立识字→中:有浓厚的识字兴趣,养成主动识字的习惯,有初步的独立识字能力→高:有较强的独立识字能力。

查字典的序。对低年级的要求是用音序查字法查字典,对中年级的要求是会运用音序查字法和部首查字法查字典、词典。

写字的序。低年级的要求是:掌握汉字的基本笔画、常用的偏旁部首,按笔顺规则用硬笔写字,注意间架结构,初步感受汉字的形体美;字要写得规范、端正、整洁,努力养成良好的书写习惯。中年级的要求是:使用硬笔熟练地写正楷字,做到规范、端正、整洁。高年级的要求是:行款整齐,有一定的速度;能用毛笔书写楷书,体会汉字的优美。写字的序是:低年级铅笔写字→中年级硬笔写字,毛笔临摹→高年级硬笔书写楷书,毛笔书写楷书。

阅读的序。对低年级的要求是正确、流利、有感情地朗读课文,学习默读。对中年级的要求是用普通话正确、流利、有感情地朗读课文;初步学会默读,不出声,不指读;学习略读,粗知文章大意。高年级的要求是正确、流利、有感情地朗读课文;默读有一定的速度,每分钟不少于300字;学习浏览。低中高年级关于读的序就是:学习默读→初步学会默读,学习略读→默读每分钟不少于300字,学习浏览。

标点符号学习的序是:低年级学习使用逗号、问号、句号、感叹号→中年级正确使用冒号、引号等标点符号→高年级正确使用常用的标点符号。在阅读中,低年级体会句号、感叹号、问号所表达的不同语气→中年级体会句号与逗号的不同用法,了解冒号、引号的一般用法→高年级会顿号与逗号、分号与句号的不同用法。

习作的序是：低年级较完整地讲述小故事，讲述自己感兴趣的见闻→中年级简要地写下自己的见闻、感受和想象，能把印象最深、最受感动的内容写清楚→高年级能写简单的纪实作文和想象作文；能根据内容表达的需要，分段表述；学写常见应用文。

（2）对"序"上的每个点要狠抓落实

在系统中，一个个的节点组成了系统的序。在生态语文中，每一个节点就是语文的一个基本功训练点。强调相关的语文基本功训练务必在相应的年级段过关。在小学各年级段的训练重点中，前一年段的训练重点是后一年段训练重点的基础；后一年段的训练重点则是前一年段训练重点的必然发展。无论哪一年段的重点训练出了问题，都会影响后一年段的训练，都不可能顺利完成小学语文教学的总要求。每个年级段扎实落实各学段的目标任务，确保各个节点目标有效地完成，不超前，不拖后。

3. 多样性

任何一个生态系统，如果缺乏了多样性，该系统就不再具有活力和可持续发展的潜力。

（1）教学目标的多维性

教学目标对教育教学活动具有统领作用，三维目标的确立已成为语文教师的共识，三维目标是指对学生进行教育过程中知识与技能、过程与方法和情感态度价值观三个维度应该达到的目标。过去语文课一般只讲语文能力，比如听说读写能力，现在提出语文素养，涵盖面大一些，既包括能力，又不只是技能性的要求，还有整体素质的要求。在语文教学改革的漫长里程中，20世纪60年代强调语文教学打好基础，提出"双基"；七八十年代强调能力，提出"培养能力，发展智力"；九十年代以后，提出语文教育就要全面提高学生的语文素养。语文素养内涵十分丰富，以语文能力为核心，是语文能力和语文知识、语言积累、审美情趣、思想情感、思维品质、学习方法、学习习惯的融合。语文素养不仅表现为有较强的识字写字能力、阅读能力、作文能力和口语交际能力，而且表现为有较强的综合运用能力——在生活中创造性地运用语文表达交往的能力以及不断更新知识的能力。

（2）教学方法的多样性

目前的教学中用到的方法很多，讲授法、演示法、谈话法、练习法、课堂讨论法、实验法、读书指导法、启发法等。语文教材的文体有别，教法当然有异；教师教学风格不同，有的专于形象思维，有的长于逻辑分析，有的擅长朗读，有的语言华丽。自身素养及教学风格的差异，也决定了教法自然有所不同，坚决克服教法上的千篇一律、程式化的倾向。对国内外的先进教学方法，不能以简单的态度对待，机械模仿，生搬硬套，这种课表面上看起来热热闹闹，但由于不适应教学实际，其结果常常是半途而废，收效甚微。语文教学必须围绕着"自主、合作、探究"做文章，倡导教法的灵活多样，鼓励探索各种有效的教学方法和教学模式。教有法，但无定法，终有佳法。

（3）语文学习渠道的多样性

课堂学习是学习语文的渠道之一，当然是很重要的渠道，要充分利用课堂学习的时间，提高课堂学习的效率，让学生在课堂上真正有所收获，课堂是提升质量的主渠道。但是，基于语文的学科特点，学习语文的渠道不能仅限于课堂。语文能力的提升得法于课内，得益于课外。在学校、家庭、社会等各种语言环境中学习和使用语言。为此，教师树立开放的大语文教学观，强化课内与课外的联系，强化语文教学与其他学科、与社区以及学生现实生活的联系；利用校内外的图书报刊、广播电视、网络通信、墙报板报、广告招贴以及其他学科教学等教育资源，设法创设广阔的语文学习空间，使学生在一个大语文环境中学语文，用语文。

二、和谐性

生态系统的最大特点就是"和谐"：生态内部系统要素之间的和谐，生态内部系统与外部系统的和谐。只有各要素之间和谐了，才能实现生态语文效益的最大化。

1. 工具性与人文性的和谐

语文是什么？语文课程标准明确指出，语文是最重要的交际工具，是人类文化的重要组成部分。前者强调的是工具性，后者讲的是人文性。

工具性和人文性是什么关系？工具性与人文性的关系问题，是语文教学中最基本、最重要、最核心、最不易处理，直至现在也没有处理好的命题。

文学作品是人的精神家园，植根于人的心灵。人文性，着眼于语文课程对于学生的思想感情熏陶、感染；工具性是本质属性，着眼于语文能力的实践和运用。语文教学是从物质的、符号的、工具的层面上指引学生深入到文化的、心灵的精神层面，夯实"精神的底子"。

工具性与人文性是一枚硬币的正反面，不是1+1的关系。一枚硬币，没有正面，就没有反面。语文教学过分地强调人文性，语文就不是语文，就成了思品课、其他课；过分地强调工具性，语文教学如果枯燥无味，机械操练，效果就会适得其反。语文课堂应努力追求语言训练与人文感悟的最佳结合点，既不因培养学生的语文能力而机械枯燥训练，肢解了课文；也不因重人文熏陶而只让学生去感悟，弱化了语言的学习。

语文课堂的灵魂是什么？是工具性与人文性的和谐统一，是培养学生的听、说、读、写的语文实践能力，是让学生学习语言、理解语言、感悟语言、积累语言、运用语言，也是让学生在学习理解运用语言的过程中热爱祖国的语言文字、受到思想人文熏陶、树立正确的价值取向。

2. 师生关系的和谐

在传统教学中，教师是知识的权威、课堂的主宰，而学生在不知不觉中成为知识的接收容器，课堂上老师讲学生听，教师独霸课堂。

新课改后，强调师生间的平等对话，师生之间零距离，师生之间在平等没有专制、压力的情绪中交往和沟通，合作讨论、共同探究、畅所欲言，呈现着一种平衡之美。

语文课堂，要充分体现包容性与民主性，建立起民主与和谐、沟通与交流、尊重与理解、互助与互爱的合作伙伴关系。

阅读是学生、教师、文本三者之间的对话过程，在对话中，学生与文本、教师与文本、学生与学生、学生自我与他我之间进行语言交流，精神相遇，理性碰撞。的确，学生是学习的主人，是课堂的主体；教师是学习活动的组织者和引导者，是课堂的主导。片面强调某一方面的作用都是有悖教学规律的。

语文课堂是学生生活的一部分，是教师和学生必须面对的现实生活，是教师与学生共度的生命历程。语文教学是学生语文素养提升的媒介，是学生学会学习、学会交往、学会生活、学会审美的场所，也是教师自身不断发展、专业化成长的必经之路。

3. 课堂预设与生成的和谐

教学的主阵地在课堂，课堂的时间是一个常数，需要教师提前备课，精心备课，来充分预设课堂的教学环节和突发事故，才能确保课堂的优质高效，出色的预设是课堂教学和谐高效的必经之路。但课堂教学是动态生成的，面对一个个生龙活虎的学生，有时课前的预设要发生较大的变化，生成很多意想不到的东西。面对生成，需要教师有足够的智慧来应对，以实现"无法预设的精彩"。预设与生成是辩证统一的，理应和谐于课堂教学之中。

实现课堂预设与生成的和谐，关键是教师对文本的解读。

实施新课改以来，课堂教学正发生着深刻的变化。但是，有一种现象应引起我们的关注：不少"新课堂"仅仅关注教学形式、教学方式和教学手段的变革，而忽略了作为课程资源的重要凭借——文本，有的课对文本的理解处于浅层次，有的课脱离文本，有的课甚至放弃文本。究其原因，教师忽略了钻研教材、解读文本。

笔者近期到部分基层学校调研，更加验证了这一点，明显地感受到有些语文老师解读教材的功夫削弱了，主要表现为：一是有些学校推行"集备制度"，由于制度的不完善造成了教师不独立地研读教材。所谓"集备制度"，即本教研组的一位老师针对某篇课文进行备课，写出教案，而后全组教师讨论该教案，进行补充订正，形成统一的教案，各任课教师再根据实际修改形成自己的教案。个别教师过分依赖他人的备课，自己不钻研教材。二是有的教师在备课时不是独立钻研教材，而是先看教参等辅助资料，用别人对教材的解读代替了自己对教材的个性化解读。三是有的教师仅仅关注教法，照搬照抄名家教案，或者从网络上直接复制现成的教案。四是有的教师对教材走马观花，解读不到位，或者解读能力差。

由于对文本没有准确深入地解读，尽管课前对教学进行了"预设"，但面对课堂上的"生成"，教师不能很好地应对；有的课教学目标不明确、不科学，导致一节课结束后，没有给学生留下什么；教学中不能突出重点、突破难点，未领会教材编写者的意图，过多地进行非语文活动，课堂教学效率低下，无法实施有效教学。因此，我们还是要旧话重提：要准确深入地解读文本。

准确深入地解读文本，关键是教师要当好四种角色，实现四个对话：

一是教师首先要把自己当成一个普通的"读者"，和文本的作者对话。教师不妨端起课本，反复地读课文，放声地读课文，有的段落甚至达到背诵的程度，真正地走进文本，入情入境，揣摩作者的情感。教师应当发自内心地说："啊,这篇课文真好,我喜欢"。

二是教师把自己当成一个"学习者",和学生对话。教师站在学生的角度想一想,这篇文章的哪些内容是难点,哪些内容是学生想探究和知道的,哪些是困惑点,真正揣摩到学生的所思所想。

三是教师把自己当成一个"执教者",和编者对话。教师要认真研究课程标准,仔细揣摩教材编者的编排意图,明确通过本文的教学所要达成和落实的三维目标。

四是教师要是一个"集大成者",和智者对话。现代社会是一个信息时代,对某篇课文的教学有很多的参考资料,有很多真知灼见,教师要广泛吸纳别人的经验,集思广益,然后结合自己的理解,设计出独具特色的教学预设。

总之,"备好课是上好课的前提",这是多年来我们一直在重复的"旧话",新课改背景下需要继续"重提";只有准确深入地解读文本,才能进行科学的教学预设,才能恰当地应对课堂中的生成,才能切实提高课堂教学效率。

4. 人与环境的和谐

教师、学生与周围客观环境之间通过相互作用达到相对稳定的平衡状态,教师与学生教学相长,人与环境和谐相处,从而最大限度地实现学生个体的进步与发展,这应当是一种生态化的语文教学环境。

(1) 师生关系的和谐是最重要的

亲其师方能信其道。教师要有意识地营造自然和谐的语文教学氛围,师生之间平等对话,共同沐浴在文本所营造的氛围中,使语文学习成为一种享受，人人都愿意学语文。

（2）师生共同营造和谐的客观教学环境

客观教学环境主要包括有情趣诗意的教室文化、经典的楼宇文化、书香的校园。

教室是学生接受知识的主要场所，环境的优劣直接影响学生的心情，进而影响学习效率。教室是整洁卫生、有诗意的，设立班级图书角。从学校图书室借阅一部分图书，发动学生自愿向班级推荐和捐赠经典读物若干本。举行图书漂流活动，为学生提供更多的图书。"让班级的墙壁充满书香"，美化班级墙报或宣传栏，让班级诗意盎然。各班都设立有自己特色的"经典诵读乐园"和"经典知识角"，展示学生阅读古诗文的活动成果，包括诗文书画展、诵读手抄报等等。

用经典装扮楼道。让师生足踏之处皆有经典，目及之处皆见诗文。

校园内设立文化景点，构建诗词长廊。在校园广播、宣传橱窗等媒介中，开辟国学经典诵读专栏，并定时更换。

（3）建设优良的教风、学风、校风

教风直接影响到教师个人与集体的教育效果和学生的学习动机与成绩，是影响学校教育、教学质量的关键因素。良好的教风对学生有极大的积极影响，不少学生在一定程度上模仿着他所崇敬的教师。优良的教风对于形成良好学风，提高教育教学质量起着至关重要的作用。

学风是校风的基础，优良的学风包括学生勤奋学习、尊敬师长、团结同学、遵纪守法、互相帮助、举止文明等。要帮助学生形成良好的学习态度和学习习惯，在学习质量上要严格要求，决不能降低标准；在学习方法与学习习惯上要严格训练，不能敷衍迁就。学风的培养既要靠教育，讲明道理，提高认识，更要靠实践和严格训练，使之养成习惯，变成自觉的行动。只要将两者结合起来，长期坚持下去，就会见成效。

加强学校的文化内涵建设，把学校建成书香的校园、文化的校园，通过师生大阅读活动，调动老师和学生读书的积极性和自觉性。

三、规律性

规律是客观存在，是不以人的意志为转移的。世间万物，不管是自然科学还是社会科学，都是有规律可循的。生态语文系统的构建，就是要探讨规律、遵循规律。语文教学主要遵循以下三方面的规律：

1. 生态语文，要遵循语文学科的一般规律

语文学科有哪些基本的规律？

一是语言学习的内部规律性。

语言的学习，需要积累，需要训练。母语口语的学习被称为习得，书面语言的学习称为学得。语言的学得带有很强的经验性和操作性，语感即在语言学习过程中所形成的直觉思维的产物。事实证明"积累"在这其中有着重要的作用。由文本言语到听、说、读、写的过硬本领的形成，离不开训练。训练要有科学的量和序，还要讲究训练的形式和方法。训练要简洁实效，讲求实用。

植物的生长，从播种、出苗到成长、成熟，都要求它自身主动地生根，从根须中吸取养分，外力只能是精心培育、悉心照管，却不能拔苗助长。机械化的语文训练既违背了语文学习的规律，也是对学生的一种折磨，学生失去了在自然常态下的正常的心理、行为反应。要用生态学思想来认识语文教学，把教师、学生看作是在语文教学这个特殊关系中相互作用的因子，让语文教学回归自然，使之成为一个科学的、健康的语文学习生态系统。

二是语文学习要"得法于课内，得益于课外"。

叶圣陶先生曾动情地说过，"在课内阅读的是国文教本，学习用意是让学生在阅读教本的当儿，培养阅读能力。凭了这一份能力，应该再阅读其他的书，以及报纸杂志"等等。只有这样才可以让阅读能力越来越强。语文教师在课内阅读中要教学生读书的方法，课外阅读让学生主动去用。

三是树立大语文观。语文学习无处不在，无时不在，生活处处皆语文。语文与生活同在，它的外延与生活外延相等。

四是工具性与人文性的辩证统一。工具性与人文性的辩证统一是语文学科最重要的、最基本的、最难把握的规律。

提倡多读、熟读乃至成诵。儿童内部言语系统正逐步发展，有声朗读可以使学生注意力稳定，各种朗读把不熟悉的文字符号变成熟悉的口头语言。读得多了，在儿童的认知体系中，就会形成语言的很多范式、模子。

提倡"读思结合"，反对课堂满堂灌，满堂问，但阅读课有必要思考、讨论一些有价值、来自学生的问题。

提倡读写结合。阅读教学不仅要教会学生读书，体会文章的人文内涵，还应当让学生从读学写，阅读教学无疑兼具指导写作的任务。

五是阅读教学引导学生在语言文字里走来回。从文字到内容、思想再返回到怎样表达的，这是阅读教学的全过程，张志公先生将其表述为"带着学生从文章里走个来回"。

2. 生态语文，要顺应儿童身心发展的规律和教育的基本规律

现在的家长，他们把全部的希望寄托在孩子上，不惜一切代价培养孩子，只是有些家长在教育孩子上犯了揠苗助长的毛病，认为在教育孩子学习知识方面越早越好，以至于一年级的问题学前班解决，以游戏和活动为主的学前教育被大量的知识学习所代替。研究表明，儿童的发展是有一定规律的，我们要遵循儿童身心发展的规律进行教育教学。既不可错过教育的最佳时机，也不能揠苗助长。

供借鉴的规律主要有：

——儿童的思维过程和认知过程是有一定顺序和规律的，这个顺序和规律是由表及里，从感性到理性。

——发展的观点。教育要促进学生的发展，不断创造学生的"最近发展期"，要让学生"跳一跳摘桃子"。

——学习能力是智力因素与非智力因素相互作用的产物。智力因素比较稳定，非智力因素是教学中最活跃的因素，动机、兴趣、习惯等非智力因素对小学生的语文学习有这样的影响。

——语文教学必须以人为本，必须在教学中确立学生的主体地位，学生不是被动接受知识的容器，必须最大限度地发挥学生的主

观能动性。

——皮亚杰的发生认识论和儿童心理学深刻的说明，活动在儿童智慧、思维、认识、发展过程中所起的决定作用。充分发挥语文综合实践活动对学生语文素养形成的作用。

——多元智能理论。每个人都至少具备语言智力、数理逻辑智力、音乐智力、空间智力、身体智力、人际交往智力和自我认知智力，加德纳又添加了自然主义智力和存在主义智力。现代社会是需要各种人才的时代，这就要求教育必须促进每个人各种智力的全面发展，让个性得到充分的发展和完善。

3. 尊重社会发展对语文学科提出的要求

过去私塾教学生识字读书的目的多为考秀才、考举人、考状元，随着现代学校制度的确立，语文教育要促进人的全面发展，促进学生语文素养的全面提升。"语文素养"是新课标的核心概念，是指中小学生具有比较稳定的、最基本的、适应时代发展要求的听、说、读、写能力以及在语文方面表现出来的文学、文章等学识修养和文风、情趣等人格修养。过去讲语文能力，主要是指听、说、读、写能力，现在提出"语文素养"，涵盖面更大。在培养学生语文基本能力的过程中，必然要注重优秀文化对学生的熏染，学生的情感、态度、价值观以及道德修养、审美情趣得到提升，良好的个性和健全的人格得到培养，传承中华民族优秀传统文化、增强民族文化认同感。

生态语文是以全面提升学生语文素养为目标，以优质、高效、和谐发展为切入点，尊重语文特有的学习规律，尊重学生的学习需要和教育心理规律，尊重社会发展对语文学科提出的要求，立足课堂教学，活跃课余生活，向书本和生活开放，精读博览，强化训练，丰富语文实践，促进全面发展，实现小学语文教学质量的大面积丰收。在课内外广阔的时空中，追求人本、文本与生活之本的统一，使语文学习更近于质朴、自然的本真状态，造就语文清纯可爱的甜丽形象。

第四节　生态语文系统中的知识节点

语文教学目标的模糊性，致使语文教学的度不易把握。生态语文把整个小学语文教学的知识体系看作一个系统，一个有机的序列，在这序列上，有一个个的知识节点。这些知识节点，在《语文课程标准》中只是笼统的表述，笔者结合语文课程标准的表述，联系多年小学语文教学的实践，把知识节点进行了归类整理。

一、识字与写字的知识节点

根据《语文课程标准》的小学语文识字与写字的目标确定如下知识节点：

1. 掌握 23 个声母。

2. 掌握 24 个韵母。

单韵母：a o e i u ü。

复韵母 8 个：ao ou iu ai ei ui ie üe。

鼻韵母分为前、后鼻音。前鼻音为：an en in un ün，后鼻音为：ang eng ing ong。

3. 字母表（包括大小写字母），用拼音写句子时第一个字母大写，国名、地名等专用名词要连写，第一个字母要大写。

4. 标调：iu 并列标在后，i 上标调去掉点；ü 与 j q x y 相拼时去两点，如 ju qu xu yu。

5. 隔音符号：有两种情况，一是和前边以 n、ng 收尾的音节相连，需要隔音符号，如："档案"（dang'an），不用隔音符号，会被读成"单干"（dan gan）；二是和前面以 i、u、ü 收尾的音节相连，不用隔音符号隔开，两个音节被误认成一个音节，如"酷爱"（ku'ai）会被读成"快"（kuai）。

6. 笔画与笔顺规则。

掌握汉字的基本笔画，明确各种笔画的名称，分清字的笔顺，先写什么，后写什么。其中的笔顺规则是：先横后竖（十），先撇后捺（人），从上到下（尘），从左到右（泊），从外到内（同），从内到外（凶），先里面后封口（国），先中间后两边（承）。

7. 偏旁部首和间架结构。

认识常用偏旁，认清字的常用结构，明白各种结构的字在田字格中所占的位置，很美观地把字写出来。常见的结构有：独体字（大）、左右结构（冰）、左中右结构（做）、上下结构（恩）、上中下结构（墓）、全包围和半包围结构（团、区）、品字形结构（磊）

8. 在田字格、方格、横格乃至无格的情况下书写汉字，写字时做到"三个一"：一拳、一尺、一寸。写字姿势正确。

9. 三种查字典的方法。

（1）音序查字法；

（2）部首查字法；

（3）数笔画查字法。

10. 形近字辨析。

11. 区分常见的多音字。

12. 同音字。

13. 规范、端正、整洁地书写汉字，做到结构合理、书写美观。有一定的速度。

14. 写毛笔字。

二、词句教学的知识节点

1. 反义词。

2. 近义词。

3. 褒义词、贬义词、中性词。

4. 词语归类记忆。

5. 成语和歇后语、谚语积累。

6. 词语结构：ABB："一片片"，AABB："团团圆圆"，ABAB："学习学习"。

7. 理解词语的方法。

（1）查工具书（字典、词典等）；

（2）运用近义词或反义词来解释；

（3）先弄清词语中重点字的意思，再联系整个词语的意思来理解；

（4）联系上下文来理解。

8. 用词语造句。

9. 四种句式。

（1）陈述句；

（2）疑问句；

（3）感叹句；

（4）祈使句。

10. 理解句意的方法。

（1）联系上下文理解；

（2）抓住重点词语理解。

11. 扩句、缩句。

（1）扩句；

（2）缩句。

12. 句式的相互转换。

（1）"把"字句和"被"字句。

（2）肯定句和否定句。

（3）陈述句和反问句。

（4）合并句：用关联词把两句合一句；同一个主体发出几个个不同的动作，去省其中的一个主语。

（5）主说和转述。

13. 常见修辞。

（1）比喻；

（2）拟人；

（3）排比；

（4）对偶；

（5）引用；

（6）设问；

（7）反问；

（8）对比；

（9）夸张。

14. 常见的关联词语运用。

（1）并列关系；

（2）选择关系；

（3）递进关系；

（4）转折关系；

（5）因果关系；

（6）条件关系；

（7）假设关系。

三、修改病句教学的知识节点

1. 修改病句的常见类型。

（1）成分残缺。如：小明拾金不昧、关心他人的好品质。

（2）搭配不当。如："苗苗穿着一件浅蓝色上衣和一顶黄色帽子"。

（3）用词不当。如："大厅里摆满了看节目的观众"。

（4）归类不当。如："我爱吃桃子、苹果、梨和黄瓜等水果"。

（5）前后矛盾。如：教学楼上一团漆黑，只有王老师的办公室还亮着灯光。

（6）概念模糊。如：前天下午下了一天的大雨。

（7）语意重复或啰唆。如：这次语文考试同学们普遍的成绩提高了。

（8）词序颠倒。如："科学课对我最感兴趣"。

（9）修辞不当。如：运动员们像脱缰的野马冲向终点。

（10）褒贬不分。如：我们的数学老师像狐狸一样聪明，同学们都很佩服。

（11）关联词语搭配不当。如：我们只有好好学习，就能取得好成绩。

2. 常用的修改符号。

改正号：把错误的文字或符号更正为正确的。

对调号：用于字、词或短句调换位置。

增添号：在文字或句、段间增添新的文字或符号。

删除号：用来删除字、标点符号、词、短语及长句或段落。

四、关于标点符号的知识节点

1. 正确使用常用的标点符号：句号"。"、问号"？"、感叹句"！"、顿号"、"、逗号"，"、分号"；"、冒号"："、引号""、破折号——、省略号……、书名号《》。

2. 标点符号的书写规则：标点符号一般放在右下角，占一个字的位置，不能在每一行开头；破折号与省略号占两个字的位置。

五、经典诗文背诵的知识节点

《语文课程标准》对诗文背诵的要求分别是：小学低年级背诵优秀诗文 50 篇（段）；中年级背诵优秀诗文 50 篇（段）；高年级诵读优秀诗文，通过诗文的声调、节奏等体会作品的内容和情感，背诵优秀诗文 60 篇（段）；小学阶段合计 160 篇（段）。

六、阅读教学的知识节点

1. 提出有价值的问题，并试图通过自己的自学、阅读给出答案。

2. 给文章划出几个段落，加小标题。

3. 掌握如下表达方式：

（1）开门见山、文末点题；

（2）过渡句或过渡段；

（3）前后照应；

（4）中心句；

（5）顺叙、倒叙、插叙、联想、想象、正面描写、侧面描写、人物描写、场面描写、细节描写、环境描写、点面结合等；

（6）基本说明方式：列数字、做比较、举例子、打比方、下定义、画图表、引资料等。

不仅知道是什么表达方式，能在文章中找出来，还要知道表达方式的运用有什么作用。

4. 常见的文章结构类型：

（1）总分总；

(2) 并列式；

(3) 递进式；

(4) 对照式。

5. 给文章分段。

段有自然段和意义段之分。自然段的清晰标识是每段话空两格，即一个自然段。意义段也叫逻辑段，它可以由一个自然段组成，基本表述了一个相对完整的意思，也可以由在内容或意思上相关联的几个自然段合并而成。

自然段之间的六种关系：

(1) 总分式。先总述后分述。

(2) 顺承式。按时间、事情或动作的先后顺序表达。

(3) 并列式。段与段之间，分别写几种事物或事物的几个方面，意思是并列平行的。

(4) 概具式。先概括叙述，后具体叙述。

(5) 因果式。按照事物的原因、结果的关系表达意思的自然段。

(6) 转折式。前后两部分意思转折，一般用"但是、可是"等转折词分开。

6. 划分意义段的常用方法：

(1) 按事情发展顺序分段；

(2) 按时间顺序分段；

(3) 按地点变换分段；

(4) 按事物的内容性质分段。

7. 概括段落大意：

（1）文中摘句法；

（2）层意归并法；

（3）选取主要意思串联法；

（4）关键词语串并法。

8. 概括文章主要内容：

（1）用段意归并法；

（2）按所叙述的问题来抓文章的主要内容；

（3）根据文章的标题，拓展延伸补充法；

（4）抓重点段概括。

9. 概括文章中心思想：

（1）用分析中心句的方法概括；

（2）用探讨主要人物的方法来概括；

（3）用分析题目的方法概括；

（4）用探讨主要情节的方法概括。

七、习作教学的知识能力节点

小学阶段以写记叙文为主，能有条不紊地把事叙述明白也是一项基本功。主要在以下方面下功夫：一是主题明确、内容具体、感情真实；二是文章结构清晰，段落层次分明；三是语言通顺、用语准确生动，不写错别字；四字书写规范，卷面整洁。

1. 写人的记叙文。

能选择典型的事例，抓住能表现人物思想品质的外貌、语言、心理、动作进行描写，注意表达自己的真实感情。

（1）人物外表描写和心理描写。

外貌特征，一般指人的长相、衣着、动作、身材、语言和神态。心理描写，主要写人物的内心活动。

（2）一人一事的记叙文。

用一件事写人，写清事情发生的时间、地点、人物和事情的起因、经过和结果，重点部分写具体，让人物有血有肉。

（3）一人几事的记叙文。

通过几件事表现人物的特点，所选的几件事都必须表现同一个人的特点，在处理几件事时，不能平均用力，应有所侧重，有详有略。

2. 叙事的记叙文。

把事情叙述清楚明白，把重点部分写具体生动，要运用多种描写的方法。描写场面时，要有一定的顺序，一是由主要的到次要的；二是定点观察，按空间顺序描写，按一定的方位顺序去表达；三是采用移步换景法，按自己活动的顺序去观察。

小学阶段有不少写活动的作文，记叙活动时先交代一下活动的时间、地点和人物，接着写活动的开始、经过和结果，重点是写活动的经过，要让人有身临其境的感觉，最忌讳流水账。

3. 写景状物的记叙文。

（1）描写动物、植物和物品的记叙文。

（2）写景的记叙文。

一是按景物方位写，由近及远，由远及近，由里到外，由外到里，由下到上，由上到下等；二是按景物类别写；三是按时间顺序写。

（3）参观记。

简洁扼要地交代清楚参观浏览的时间、地点、人物、对象、目的。要做到点面结合。

4. 给材料作文：

（1）看图作文；

（2）缩写；

（3）扩写；

（4）续写；

（5）改写。

5. 写常用的应用文：

（1）请假条；

（2）通知；

（3）日记；

（4）读后感或观后感；

（5）书信。由称呼、问候、正文、祝颂语、署名、日期六部分组成。信封的写法。

6. 有一定的写作技巧。一是要有审题立意的能力，确实能看懂作文题目。二是选材的能力，围绕中心选材，选择有意义的材料，题材力求新颖，写出新意。三是融会贯通地运用一些常用的表达方法，把文章写生动、写具体、写出真情实感。

上述七方面的知识节点，涵盖了小学语文应达成的知识能力目标体系。对这些知识能力节点，狠抓训练，狠抓落实，定能使学生的语文素养快速有效提升。

第二章

生态语文视野下的识字教学

生态识字，借鉴各种识字教学经验，遵循汉字自身规律，发挥学生识字的主观能动性，体现小学低、中、高三个年段不同的识字要求，又快又好地完成识字任务，为学生尽快步入阅读的殿堂奠定坚实的基础。

古人云："蒙养之时，识字为先。"识字教学是语文教育的基石，"人生识字聪明始"，识字是阅读和作文等一切语文素养的基础。生态识字，就是要借鉴各种识字经验，遵循汉字自身的规律、学生语文学习的规律、儿童身心发展的规律和认知规律，发挥学生的主体作用，实现识字教学的最优化。

第一节　小学阶段应让学生识多少字

在语文教学中，一个回避不了的话题是学生应识多少字。

有一个看似真命题的命题：识字，多多益善；识字，越早越好。

持这一观点的人认为：应该让学生多识字，大量识字，提早识字，提前读写。识字越多越好，只有学生识字多了，阅读时才能无障碍，才能步入阅读的殿堂，才能完成写话作文。所以小学语文一二年级就应该过识字关，识字越多越好，不管是生僻字，还是繁体字，不管你用什么办法，只要让学生多识字就可以。这种认识导致着小学低年级把识字作为唯一任务，学生的语文学习单调无味，课业负担重。中央电视台的汉字听写大会似乎也起了推波助澜的作用，有些选手对字典上的字"倒背如流"，有些字极其生僻、人们的生活中从来不用的字，有些选手也认识，此时评委热泪盈眶，似乎汉学有了传承，有了希望；观众对选手的表现啧啧称赞，各地学校大力效仿汉字听写大会，似乎全社会掀起了识字的热潮。

从目前来看，中小学生的课业负担过重是一个不争的事实，低年级的无效的多识字也加重了学生的课业负担。孩子的童年需要花儿，需要阳光、雨露、自由的陪伴，一味地多识字、早识字，反而让学生失去了识字的兴趣。由此可见，识字越多越好，越早越好，是一个伪命题。

一、小学阶段的识字量

1. 蒙学教材的识字量：1482个

我国的蒙学始于殷周时期，鼎盛于明清。蒙学的每日功课大多是识字、写字、背书、读书、对课与作文，同时进行一定的道德观念灌输和行为习惯的培养。蒙学教材，是中国古代一些文学大家专为学童编写的，在村学、私塾、书馆等蒙学中进行启蒙教育的课本。

蒙学教材中最有影响的应属三、百、千，即《三字经》《百家姓》《千字文》。它们流传了上千年，哺育了数以亿计的中国人，家喻户晓。

《三字经》，从南宋时就开始流传，全书1140字，三字一句，琅琅上口，非常方便于儿童诵习。《千字文》，诞生于南朝，是一本以识字教育为主，同时兼有思想伦理教育和常识教育的课本，虽然千字左右，但字不重复而内容包罗万象却又文理通顺，被誉为"绝妙文章"。《百家姓》起源于北宋，是一本集姓氏为四言韵语的教材，收录400左右的姓氏。

据统计，"三百千"读本使用现代汉语不同的字1482个，其中常用的字1085个，次常用字153个，约相当于现在义务教育一二年级的识字量。

2. 关于常用字的研究成果：汉字常用字3000个左右

汉字的总数量很多，并没有准确数字，权威的《康熙字典》收录汉字47035个。但是统计资料显示，最常用的汉字在3000字左右，常用字占总字数的7%。《人民日报》字库里储字在3000字左右。据分析统计，1000个常用字能覆盖大约92%的书面资料，2000字可覆盖98%以上，3000字时已到99%。小学六年的时间完成3000左右字的识字任务，应该说负担不是很重。一个人掌握了3000左右个汉字，就可以读书、看报、自由交流了。

3. 国家权威部门的规定：3000字左右

新中国成立后教育部几次颁布了《小学语文教学大纲》（以下简称《大纲》或《课程标准》），是指导语文教学的纲领性文件。对识字的数量有所界定，先后有 3500 字、2500 字、3000 字之说。

（1）1956 年和 1963 年的《大纲》都提出小学阶段要识字 3500 个左右；在一二年级要教学生半数左右，其余半数在以后的年级中完成。

（2）1992 年《大纲》把识字总量定为 2500 个常用字。

（3）2014 年新版《语文课程标准》规定：小学低年级认识常用汉字 1600～1800 个左右，其中 800～1000 个会写；到六年级毕业累计认识常用汉字 3000 个左右，其中 2500 个左右会写。

1963 年的《大纲》对历史的经验进行了认真的总结和反思，把识字量定为 3500 字，现在来看，确定的识字量稍高些。1978 年的《大纲》做了调整，定为 3000 字左右，是比较适当的。2014 年新版《语文课程标准》定为累计认识常用汉字 3000 个左右。从几次《大纲》或《标准》所定识字量来看，小学阶段的识字量定为 3500 个似乎偏高，定为 2500 个又似乎偏低，定为 3000 个常用字较为恰当。

结论：综合各种观点，认为小学阶段的识字总量以 3000 个左右常用字为宜；低年级以 1500～2000 字比较适当。违背客观规律的早识字、多识字，无异于拔苗助长。

二、"以识字为重点"和"识字是低年级的教学重点"

识字教学在语文教育中是个什么位置，向来有不同的提法。

私塾时期，识字是启蒙教育阶段的教学重点。私塾教育的大致序列是：1. 启蒙教育，即识字教育，一般用一至二年的时间，读物一般为三百千；2. 读书教育，约三至五年，读的内容，一般是《四书》《五经》；3. 开讲、开笔作文教育，大约五至八年的时间，学写八股文；4. 八股文成篇训练、反复练习揣摩、参加科举考试阶段，约十年左右乃至更长时间。私塾对识字教育是重视的。同时注重因材施教，用一至二年的时间识字 1500 个左右，相对于现在小学低年级的识字量。

新中国成立后的前几部小学语文教学大纲（1956 年，1963 年，1978 年）都提出低年级以"识字为重点"，使识字拥有无可争辩的"法定"地位。由此也带来了弊病，低年级识字量多、识字要求高、一味地识字，加重了学生的负担，忽视了发展学生语言，培养学生能力。

后来的大纲注意了上述弊端，砍掉"以识字为重点"的提法，但也带来了恶果，大型的公开课、示范课、观摩课上，人们几乎见不到识字教学的踪影，年段特点不明显，低年级的语文教学和中年级的语文教学几乎没有什么差别，一味地在"发展语言、发展思维、培养能力"，公开课上很少让学生动手写，可谓"君子动口不动手"。一个不争的事实是，学生识字质量普遍不高，错别字多，学生的语文能力和水平导致社会各界的批评和不满。

2014 年颁布的《语文课程标准》则做了改动，变为"识字写字是阅读和写作的基础，是第一学段的教学重点。"

第二节　成功的识字教学方法评述及对生态识字的启示

汉字，记载了华夏民族五千年的文化历史，是中华文化的载体。

学会汉字不仅是学习语文的起点，也是学习其他课程和人一生发展的基础。

新中国成立后，识字教学研究有两个活跃期，一是20世纪五六十年代，全社会文盲较多，扫盲教育对成人识字进行了有益的探索和实践。二是20世纪七八十年代，面对教育改革的新形势，各种识字教学法的探索研究如雨后春笋般开展起来，中国有一定影响力的识字教学方法有二三十种，诸如集中识字、部件识字、分散识字、注音识字、汉字标音识字、字理识字、听读识字、炳人识字、字族文识字、韵语识字、计算机辅助识字等。下面介绍有代表性的几种识字教学方法。

一、集中识字

辽宁省黑山北关实验学校首创的识字方法，后大面积推广。

【个案举例】一节课学习16个生字，分四组进行。A组：旦、担（dān）、担（dàn）、但、胆、疸；B组：可、菏、呵、河；C组：非、啡、匪、痱；D组：剪、煎、箭。在教学过程中，由于学生基本掌握了形声字的规律，学起来毫不费力，好像一节复习课，学生很快就学会了。

【指导思想】集中识字借鉴蒙学识字教育的经验，通过低年级快速大容量识字，使学生尽早进行阅读，来解决识汉字和学汉语的矛盾。

蒙学教材，以识字为主。清代文字学家王筠的观点是："蒙养之时，识字为先，不必遽读书。先取象形、指事之纯体教之。识'日'

'月'字，即以天上日、月告之；识'上''下'字，即以在上在下之物告之，乃为切实。纯体既识，乃教以合体字，又须先易讲者，而后及难讲者……能识2000字，乃可读书。"

【基本做法】原人教版小学语文教材，小学语文一二年级的每册教材都分作几个板块，每一个板块中，先归类识字，再编排若干课文，"识字—阅读"不断循环重复编排。

在归类识字中，据汉字规律先教学独体字，再教学合体字；采用形声归类法，如，清、请、情、晴一组形声字，只要认识了青字，其他字就容易解决。基本字带字是最主要的识字方法。

【评述与借鉴】集中识字教学法突出了形声规律的运用，为快速识字、有效识字和大面积提高小学语文教学质量做出了贡献。

当然，长时间的集中识字，学生易枯燥乏味而产生厌烦感，教学效率降低。由于脱离了具体的语言环境，字义理解、复习巩固起来存在困难。

二、分散识字

特级教师斯霞实验成功、后被大面积推广的识字方法，亦称"随课文识字"。

【指导思想】依据儿童的语言思维发展水平，考虑儿童的兴趣、爱好与接受能力，把识字、阅读和发展语言有机结合，使认识汉字与学习书面语言互相促进。

【主要特点】"字不离词、词不离句、句不离文"，关注音、义联系，强调把字词放在一篇篇课文中来学习。

【基本做法】先教汉语拼音，同时教学一些简单的独体字，打好识字基础。然后采取"多读课文多识字"的方法，按照生字在课文中出现的顺序，边学课文边识字；课文中的重点字词挑出来先学，其他的随课文讲读时再学；理解完课文以后再学习巩固生字词。

【评述与借鉴】分散识字，寓识字于阅读之中，调和了识字与阅读的关系，在识字的同时通过阅读来发展儿童的语言和学生的思维。

分散识字的局限性：既要识字又要学习课文，使教学的重点在识字和内容理解之间频繁的调换频道，一边引导学生理解课文，一边指导哪个字怎样写，一定程度上影响学生对课文整体内涵的把握。

三、注音识字

1982年黑龙江首创的识字教学方法，对外宣传名叫"注音识字，提前读写"，出版专门的刊物。

【指导思想】以发展语言为切入点，语言和思维同步训练、同步进行，与此同时学习汉字，想方设法解决识汉字和学表达的矛盾，使低年级学生不至于因为完成繁重的识字任务，而间断了语言的发展。

【基本做法】学生一入学就抓好汉语拼音的学习，运用汉语拼音这一"拐棍"，阅读纯拼音课文之后阅读注音课文，使听、说、读、写同时起步，达到发展语言、训练思维和同步识字的目的。学生入学后暂时绕开了"生字"这个"拦路虎"，采取"迂回"的办法解决识字难的问题，"边读书，边识字"，对汉字的音、形、义和识、写、用分步提出要求。

【评述与借鉴】"注音识字·提前读写"在学生不识字或识字量不多的情况下，就借助拼音对学生进行听说读写的训练，构建了边读书、边识字、听说读写并行的教学体系，从而收到多快好省的教学效果。

注音识字的弊端是，对汉语拼音的要求高，特别是直呼音节的要求太高，势必加重学生的负担。拼音和汉字混在一起，减弱学生识记汉字形体的主观要求，学生过分依赖拼音，升入三年级后错别字明显增多。

四、字族文识字

四川省井研县鄢文俊等实验的一种识字方法。

【个案举例】代表性的课文是《小青蛙》：

河水清清天气晴，小小青蛙大眼睛。

保护禾苗吃害虫，做了不少好事情。

请你保护小青蛙，它是庄稼好哨兵。

【指导思想】字族文实验者把汉字分为母体字和子体字。如：由"青"字可以派生出"清、情、请、晴、睛"等字，"青"字就是母体字，具有派生能力；"母体字"可以衍生出几乎所有的常用字，称为"子体字"，"请、清、情、晴、睛"就是子体字。把用母体字带出的所有音形相近的合体字，组成一个个"字类""家族"，称作"字族"。

【基本做法】确定了母体字220个，字族389个，以一个字族中的字为主，编写出课文，称作"字族文"，然后利用编就的一篇篇字族文来识字。

【评述与借鉴】字族文识字，做到字形类联，字音类聚，字义类推，充分体现了汉字音、形、义相结合的特点。

字族文识字为照顾所编文章必须用到哪些字，编写的课文存在着文章的典范性不够、思想性艺术性不强、选文时胡拼乱凑的现象。

五、字理识字

湖南省岳阳市贾国均提出的一种识字方法。

【个案举例】如"尖"字的教学过程

1. "尖"读音 jiān，意思是锐利的末端或细小的部分。

2. 分析字形，把尖字分解成（小）、（大）两个构件。

3. 将两个构件连缀起来理解尖字：上头小，下头大的东西，肯定锐。

【指导思想】主要通过对六书等造字法的分析，运用直观、联想等手段识记字形，从汉字的构字原理上，对音、形、义之间的联系进行字理分析，以达到识字的目的。

【基本做法】字理识字的大体程序是：读准字音，分析字理，识记字形，指导书写。常用方法是启发学生展开想象和联想。

【评述与借鉴】字理识字，突出识字的乐趣，分析研究字理，运用图示法、歌诀法、联想法、演示法、猜谜法等帮助学生识字，加强学生对汉字音形义的记忆，使识字和培养学生的观察力、理解力和想象力相互促进，相得益彰。

字理识字的不足之处是，有的教师对字理解释走马观花，有的老师讲得云里雾里，更有教师受学识所限，望文生义，乱拆解汉字，对汉字"六书"乱解，主观随意性太强。

六、成功的识字教学方法对生态识字的启示

1. 追求识字方法的多样化

近几十年识字教学改革方兴未艾，百花齐放，百家争鸣。上述五种识字法实验范围大，实验成效颇丰。识字的方法千姿百态，不管你用什么办法，只要在单位时间内高效地完成了课程标准规定的识字任务，就是好办法。

研讨比较有影响的二十多种识字方法，我们可以从中看到蕴含在其中的两种教学思想：一种是集中识字教学思想，一种是分散识字教学思想。

两种识字教学思想的共同点在于，低年级语文教学都要完成"识一定数量的汉字"和"发展语言"的任务。区别在于：二者对低年级语文教学"完成识字"和"发展语言"的任务，侧重点掌握不同。集中识字，主张在识字过程中发展语言，强调汉字规律；分散识字，主张在发展语言过程中识字，强调语言规律。其实，二者都要完成识字和发展语言的任务。

2. 辩证地看待识字与阅读、作文的关系

就语文学习来说，一方面要看到汉字本身也是一种文化，识字教学非常重要，因为识字是阅读和作文的基础，"基础不牢，地动山摇"，特别是低年级突出识字教学这一重点任务，才能突破识字关，如果忽视识字就会捡了芝麻漏了西瓜，学生错别字连篇，错失良机，不可挽回。另一方面要看到识字不仅是目的，而是一种手段，是学生更早、更顺利地进行阅读、交流的手段，学生的语文学习不能仅囿于识多少字，更重要的是以读写能力为代表的语文素养的全面提升，不同的年级段对识字、阅读、作文的要求不同，忌千篇一律。识字与阅读、作文和谐共存、和谐统一。

3. 要遵循规律识字

成功的识字教学之所以成功，就是因为遵循了规律：集中识字教学法突出了形声规律的运用，强化归类识字落实基本字带字；分散识字法改善和协调了识字与阅读的关系，在识字的同时通过阅读发展儿童的语言，识字教育与发展语言同步推进；注音识字构建了边读书、边识字，听说读写多线推进的教学体系；字族文识字，抓住汉字音、形、义相结合的特点，做到字形类联，字音类聚，字义类推；字理识字教学法，遵循字理，运用图示法、歌诀法、点拨法、联想法、演示法、猜谜法等帮助学生识字。

生态识字，就是要借鉴各种识字经验，遵循规律识字。主要遵循三方面的规律，一是汉字自身的规律，二是学生语文学习的规律，三是儿童认知规律的结合。

笔者理想的生态识字的标志如下：

（1）学生课业负担轻，识字效果好，识字数量多，完成甚至超过课程标准规定的识字量。

（2）识字方法多，识字途径广，学生有浓厚的识字兴趣和识字愿望，学生自主识字的积极性强，逐步形成了识字能力。

（3）识字与发展语言、发展思维同步进行，和谐促进，学生的语文素养不断提升。

（4）学生人人写得一手好字。

第三节 遵循规律高效识字

所谓规律，是指事物发展变化过程中的本质的联系和必然的趋势。规律属于事物、现象之间普遍的本质和联系，是客观存在的，既不能被创造，也不能被消灭；不管人们承认不承认，规律总是以其铁的必然性起着作用。人类不能发明规律，但可以发现规律。

一、研究汉字自身的规律，遵循规律识字

汉字复杂、纷繁是事实，但是汉字本身有规律可循。如果不按汉字规律去教学识字，汉字当然难学；如果充分利用汉字构字规律去指导识字教学，就会适当降低难度。

1. 规律一，汉字的常用字集中

《康熙字典》是汉字的权威性工具书，共收录汉字47035个，但日常使用的汉字只有约3000个常用字。

语言学家发现，3000个常用字能覆盖约99%的书面资料，认识了3000个汉字，就能读写与交流。

教学启示：语文教学中，瞄准约3000个常用字，"咬定青山不放松"，突破识字关，为以后的语文学习、其他学科的学习乃至终身发展打下坚实的根基。

2. 规律二，六书是汉字构字的基本原理

东汉文字学家许慎在其《说文解字》中，详细阐述了"六书"构造原理：象形、指事、会意、形声、转注、假借。

教学启示：把"六书"理论引入语文识字教学，运用直观、联想等手段识记字形，可激发学生识字的兴趣，提高语文识字教学效率，既达到了快速识字的目的，又使得汉字教学的人文内涵得以凸显。

汉字的象形、会意、指事、形声四类字，都有示意功能，汉字的音形义之间不是孤立的，而是相互联系的，要利用汉字的形声联系、形义联系、声义联系识字，提高识字效率。

3. 规律三，汉字中形声字居多

汉字是一种表意文字，甲骨文中主要是象形字和会意字，形声字仅占20%，现在形声字所占比例高达90%以上。

教学启示：形声结合是汉字结构的一个基本规律。形符大多是偏旁部首，声符大多是独体字，也可称基本字。"秀才识字读半边"，这正是汉字的高妙之处。运用形声规律教学，最好采用"形声归类法""基本字带字法""字族文识字法"进行识字教学。

4. 规律四，汉字的字形结构分两种

汉字的字形结构分独体字与合体字。

独体字由笔画组成，如刀、日、口等。独体字特点如下：（1）字形比较简单，包含了基本的笔画和笔顺；（2）字音在儿童言语中大都出现过；（3）词义所反映的概念简单，如日、小等；（4）能独体存在，字形略加改变，可作偏旁部首。

汉字中绝大部分是合体字，合体字的构成类型：（1）由两个独体字构成，如杏、标等；（2）由一个偏旁和一个独体字构成，如冰、很等；（3）由一个偏旁和一个合体字构成，如潋、附等。

启示：遵循由简到繁的顺序，一般是先学独体字，后学合体字（相对的）。指导识记字形时，搞清字形结构，事倍功半，迎刃而解。指导书写时，各种字在田字格中的位置，触类旁通。

5. 规律五，汉字的偏旁部首在书写时有变化

很多的独体字，如禾、木、火、米等，可以做偏旁时，但书写有变化：

（1）部分独体字做偏旁时，最后一笔要由"捺"变"点"，如"米、禾"，对应的字是"精、科"。

（2）部分独体字做偏旁时，最后一笔由"横"变成"提"，"土、工、牛"对应的字是"坟、攻、牡"等。

（3）"月、几"在汉字中处于不同位置时，笔画有变化，如"船、投"。如果它在汉字的下半部，那原来的笔画就不变，如"炕、亮"。"月"字在汉字中处于汉字的下半部时，它的第一笔由"撇"变成"竖"，如"育、青"，而左右结构时其笔画无变化。

教学启示：此规律对汉字书写的正确与美观大有帮助。

6. 规律六，汉字的最小构成单位是笔画

不管是多么简单的汉字，还是多么复杂的汉字，不管是独体字还是合体字，都是一笔一笔写成的。

书写汉字时，笔画的走向和出现的先后次序，即"笔顺"，是比较固定的。

教学启示：引导学生一笔一画写好汉字。

7. 规律七，汉字历史悠久，在不断演变

文字分为两大类，即非拼音文字和拼音文字。在人类历史长河中，比汉字更早的文字是两河流域的钉头文字和埃及的圣书文字，但是它们早已灭绝了，所以目前汉字是最古老的文字。现在能看到而又能认读的最早的汉字是3000多年前的甲骨文。

汉字经过了6000多年的变化，其演变过程是：

甲骨文→金文→小篆→隶书→楷书→草书行书

教学启示：汉字是我们文化之根，民族之魂，树立民族自豪感和对中华文化的认同感。

二、遵循儿童认知规律

1. 注意

这里说的注意是心理学上的注意。

学生注意力是逐步发展的。低年级学生注意的集中性水平较低，能观察具体形象的事物，而不善于观察抽象、概括的材料；二是注意集中性持续的时间较短。7~10岁儿童连续集中注意20分钟左右，10~12岁儿童可以集中注意25分钟左右，12岁以上儿童可以集中注意30分钟左右。

教学启示：

（1）教学注意灵活多变。教师说话的音调、音量、节奏的快慢和表情的变化，都可引起学生的无意注意。识字教学，多用直观教具，因为直观形象的东西易引起学生的无意注意。教学方法的多变，可维持学生的注意,如游戏助学法、绘图助学法、角色扮演法、实验演示法等。

(2) 合理使用直观教具,避免分散学生的注意。如有教师过早地将直观教具呈现出来,学生的注意立刻被吸引了,对教师讲解的其他内容就听而不闻了。有的教师在使用多媒体后,不及时关闭,就开始讲授其他内容,一部分学生的眼睛仍紧盯着屏幕,影响后面的听课效果。

2. 记忆的特点

大脑从"记"到"忆"是有个过程的,主要包括了识记、保持、再认和回忆。人的记忆能力十分惊人,能存贮 10^{15} 比特的信息。

艾宾浩斯遗忘曲线告诉人们在学习中的遗忘是有规律的,遗忘的进程较快,并且先快后慢。研究观察曲线,学得的知识在一天后,如不抓紧复习,就只剩下原来的 $\frac{1}{4}$。

教学启示:

课堂上,用不同的方式呈现同一个生字,强化记忆。每天写几个生字,天天写,天天练。在教完某教学内容及时为学生创设练习和运用所学生字的机会,采取多种手段,周期复现,巩固识字效果。

3. 小学生思维特点

小学低年级学生的思维以具体形象思维为主,他们所掌握的概念大部分是具体形象的、可以直接感知的,他们较难区分概念的本质和非本质属性,而中高年级学生则可以区分概念的本质和非本质属性,掌握一些抽象概念,开始运用概念、判断、推理进行思考。

三四年级是思维由具体形象思维向抽象逻辑思维的过渡阶段。

教学启示：

低年级的识字教学尽可能地使用直观教学手段，中高年级逐渐减少。常用的直观教学手段包括：实物直观、言语直观和模像直观。实物直观，即通过直接感知客观事物而进行的一种直观方式。如，演示各种实验、观察各种实物标本、到工厂或农村进行参观访问等都属于实物直观。所谓模像直观，即通过对事物的模拟性形象直接感知而进行的直观方式。例如，各种图片、模型、图表、课件、幻灯片和教学等观察和演示。言语直观是在形象生动化的语言作用下，学生对语言的物质形式（语音、字形等）的感知及对语义的理解而进行的一种直观方式。

4. 儿童的认知规律

学生学习过程中的认知因素包括感知、思维、记忆、运用。学生认知的过程有一个顺序，一般是先感知事物、符号，然后进行思维加工，再通过记忆储存，最后达到迁移运用。

教学启示：

就一个字的识记而言，识字教学的认知规律是：感知：初步读出生字字音、认识字形。思维：进一步分析字形结构、理解字词义。记忆积累：在课文中进一步理解、巩固字的音形义。运用：写字、造句、辨认等。

5. 汉字是复脑文字

权威杂志《自然》曾发表过一篇轰动世界的文章。研究者对英、美、法、德、日五国儿童进行智商测查。欧美儿童智商平均为100，日本儿童智商平均达111，原因何在？最终结论是：日本儿童学习了汉字。学者指出：拼音文字是单脑文字，汉字是复脑文字。作为单脑文字的拼音文字，主要是音码在大脑左半球上发生作用；而作为复脑文字的汉字是形码、音码、意码，同时作用于大脑左右两个半球。可见学习汉字这种复脑文字，有利于儿童智商的提高。

教学启示：

从事汉语言教育的人，应当欢欣鼓舞，为汉字而骄傲。

第四节 把握年级特点完成各年段的识字教学任务

义务教育各年级段都有识字的任务，但识字的数量、识字的要求、识字的方式方法各不相同，体现年段差异。

一、《语文课程标准》对各学段有不同的识字要求

义务教育阶段语文识字教学的总目标：学会汉语拼音；能说普通话；认识3500个左右常用汉字；能正确工整地书写汉字，并有一定的速度。

语文课程目标是按九年一贯整体设计，依据1～2年级、3～4年级、5～6年级、7～9年级四个学段，分别提出"阶段性目标"，体

现了语文课程的整体性和阶段性。

笔者将有关要求整理成如下表格：

识字态度	认字数量	会写数量	识字能力	辅助手段
1~2年级	喜欢，有愿望	1600~1800个	800~1000个	学习独立识字	学拼音 音序查字典
3~4年级	浓厚兴趣，养成习惯	累计2500个	累计1800个	有初步的独立识字能力	音序、部首检字法查字典、词典
5~6年级		累计3000个	累计2500个	较强的独立识字能力	

综述上表，我们不难发现，语文教学关于识字的要求有以下特点：

1. 小学识字教学，要关注学生识字的态度、认识汉字的数量、会写的数量、学生独立识字的能力和学习汉字的辅助手段。把认识汉字的数量和会写的数量区分开来，汉语拼音是教学辅助手段，无过高的要求。

2. 识字要求体现差异性。如各年级识字的数量有差异，对识字的辅助手段工具书的运用有差异性的要求，1~2年级查字典，3~4年级查字典词典，1~2年级会音序检字法，3~4年级音序、部首检字法。

3. 对识字要求是螺旋式上升的，体现水平的由低到高、由不会到会的过程，是一个生长发展的过程。如对立识字能力的要求，1~2年级是"学习"，3~4年级是有"初步"的独立识字能力，5~6

年级是有"较强"的独立识字能力。

4. 关于识字的各项要求，务必在相应的年级段过关。

二、识字教学实践中体现鲜明的年段特点

小学各年级都有识字任务，但要区别对待：识字是低年级的教学重点，中年级要重视识字教学，高年级不能忽视识字教学。

低段在阅读中识字、学词，进行语言训练。

中年级以段的训练为重点，识字教学从时间上讲，占用得较少，从理解上讲，要更多地体现独立性。

高年级教学重点是篇的训练，在生字的学习上完全体现学生的独立性。

以下三个案例，能够说明低、中、高三个学段对识字教学的要求。

【案例1】

《自己去吧》教学设计（二年级）

教学目标

1. 学习"自、己"等12个生字，会写"东、西、自、己"四个字。

2. 朗读课文，注意读出特定的语气。能背诵课文。

3. 通过情境对话、分角色朗读、表演等形式，了解鸭妈妈和鹰妈妈鼓励孩子独立学习本领的意图，知道小鸭和小鹰怎样靠自己学会本领的。

4. 懂得能做的事不依赖父母他人，自己学会生活的本领。

教学难点、重点

1. 鼓励学生借助拼音和已掌握的识字方法学习生字。

2. 练习多种形式的朗读，并从读中了解小鸭和小鹰的妈妈让它们自己学会生活本领的用意。

教学过程（节选）

1. 谈话导入：这节课，老师要和小朋友一起来学习一篇课文，文章讲的是小鸭和小鹰学本领的故事。

师写课题：第一个字"自"，我想请一位小朋友说着我来写，谁来？请一生。（自，撇、竖、横折钩、横、横、横）

预设：老师没有教，你就自己会写这个字了，你是怎么学会的？交流。

跟老师来写第二个字。（书空"己"。）

注意"吧"要读轻声，一起读课题。

2. 自主识字

（1）借助拼音认读

请大家打开书，借助拼音自己读读课文，把每个字音读准确。（学生自己读课文。）

生字朋友跑出来了，请小朋友带着拼音拼读一下。

（学生看大屏幕拼读生字。）

当小老师领着大家读。

有三个字的读音容易读错，我们一起拼一拼：nín、shēn、nà。

认识"学字头"。这个字变红的地方叫作"学字头"。重复强调提问。

(2) 强化认读

教师出示识字卡，学生看卡片读。

(3) 交流记字方法

看看这些字，有什么办法记住它们吗？你记住哪个就说哪个。

"会"，猜字谜，人在云上走。

"吧"，口+巴就是"吧"。

"您"，猜字谜的办法，我的心里想着你。

用词语记字法：自己　学会　美景

"吧"和"吗"相同点。（口子旁　左右结构　都读轻声）

(4) 游戏巩固

学生开火车式读生字。

3. 写字指导

四个字，我们先写哪一个呢？大家来猜一猜。看这里：眼睛上面一小撇，猜，是哪个字呀？（自）

书空这个字。仔细观察，怎样能把这个字写得端正漂亮呢？

老师示范。

拿出课前发的写字卡，口头提示：先做好写字的准备，一尺、一寸、一拳头，写字前仔细观察，先描一个，再写一个。

【案例2】

《给予树》教学设计（片段）三年级

教学目标

1. 学习生字，会认10个，会写8个；联系上下文理解"沉默不语"等词语的意思。

2. 学习联系上下文理解重点关键词句的方法，并能运用此方法理解课文内容。

3. 读课文，体会思想感情，感受金吉娅的善良、同情、仁爱和体贴等，受到美好情感的熏陶和感染。

4. 积累语言，练习写话。

教学过程

1. 老师板书课题给予树。

今天我们要学习的课文。谁来读课题？（相机正音，标拼音）

2. 语言过渡：这树上有"棒棒糖"。（展示词卡"棒棒糖"，指读。）

指导"棒"的写法。问学生这个字写的时候应该注意什么。学生描红，动笔写一写。

3. 开火车读课文。考虑：课文中都写到了哪些人？给你印象最深的是谁？

4. 打开生字表，同位之间互相读读，把音读准确了。

教师抽查，出示：援助。学生读。读两遍"援"还可以怎么组词？打课件出示"援助中心"，对这个词有什么了解？

交流：课文中说了"援助中心"，看，每到圣诞节的时候就要在商场里设置一棵这样漂亮的树,挂满许多人的心愿,随机板画圣诞树。

5. 按课文自然段顺序检查读课文。有没有不对的地方?

6. 谁给你们留下的印象最深?他做的什么事给你留下很深的印象?你还有什么疑问?

7. 我们先来学第三小节,一位同学朗读,其他同学拿出笔圈划出描写金吉娅的句子。同时多媒体出示课文第三小节。

问什么是"沉默不语"?沉默不语的她在想些什么?请同学们自由读读1-3自然段。

我们将哥哥姐姐高兴样子找一找,对比一下,就会明白她为什么"沉默不语"了。将这部分连起来读一读。

通过"沉默不语"联系课文的上文,我们走入了金吉娅的内心。感受到她的心里装着、想着家人,体贴家人。这么体贴,为什么只给家人买了棒棒糖?

默读第四自然段,金吉娅为什么非要给小女孩买洋娃娃?划出相关的句子。

……

【案例3】

《鸟的天堂》五年级

教学目标:

1. 学会本课生字新词,理解重点句子及课文内容。

2. 初步认识事物的静态和动态。感受文章的静态和动态点,培养激发学生热爱大自然的美好情操。

3. 背诵第七、八自然段。

教学重难点：

感受大榕树的静态美与群鸟飞舞的动态美。分清事物的静态和动态描写，动静结合增强文章的生动性感染力。

教学实录（片段）

1. 昨天大家都预习了文章，谁来读读这些词语？其他同学注意听。出示三个生字，三个多音字，是否全读准了？

（课件出示：一簇簇　树梢　不计其数　应接不暇　做巢　兴奋）

（1）正音：兴奋

（2）重点理解应接不暇

（3）指导学习生字：巢/梢/暇。（老师一边书写"巢"一边解说："巢"上部分三个"〈"要写得匀称好看，这是鸟的一家三口，下面是个扁"日"是鸟的窝，搭建在这树木上，所以"巢"就是鸟的——家）。

2. 借助预习提示谁能说说这篇课文主要写了什么？

生1：课文写了两次去鸟的天堂所看到的景物。

生2：课文主要写了两次去鸟的天堂，第一次是在傍晚，没有看到鸟，只看到了一棵茂盛的大榕树，第二次是在早晨，看到众鸟腾飞的景象。

师：到底是六年级的学生，真棒，能在预习中学会生字词，掌握课文的大致内容，理清了文章的层次。

师：再快速浏览课文，两次去鸟的天堂，有怎样的感慨？

生：读有关句子：昨天是我的眼睛骗了我，那"鸟的天堂"的确是鸟的天堂啊！

师：这是作者的感慨，把这感慨的味道再读得浓一些。

生读。

师：有点味道了，但还不够。

生：读（重读突出"的确"）

师：不错，突出了"的确"。一起读。

生：齐读。

……

第五节　生态识字的实践探索

笔者曾在青岛的一所学校进行过生态识字实验。

生态识字的基本思路是：以语文课本为基本教材，教给识字方法，培养识字能力；借鉴移植各种识字法，遵循识字规律，调动识字兴趣，拓宽识字渠道，让学生充分地识字。与此同时，抓好识字与读、写的结合，将识字教学融于学生的读写训练之中，从而全面提高学生语文素质，夯实学生发展的根基。

一、调动识字兴趣

识字应是儿童的一种发自内心的积极主动参加的有意义的活动。

<<< 第二章 生态语文视野下的识字教学

如何才能让孩子愿意参加？"兴趣是最好的老师！"因此，在识字教学中，根据孩子的心理特点，想方设法调动学生识字的积极性：

1. 儿歌助识字

儿歌读起来朗朗上口，易学易记，是低年级小学生最感兴趣的。对于一些笔画烦琐难以识记的生字，我们就把它编成儿歌。如教学"碧绿"的"碧"字时，根据这个字的字形特点，编写了一首儿歌帮助学生识字："王老头，白老头，两人坐在石头上。"短短几句话，学生既感兴趣，又在读儿歌的同时记住了这个汉字。再如，教学"明亮"的"亮"时，编了这样一首儿歌："一点一横长，口字在中央，再写秃宝盖，几字在下方。"学生边读边写，儿歌读完了，字也学会了，同时也培养了儿童对儿歌和识字的兴趣；在后面的识字教学中，学生也逐渐学会了用编儿歌的方式来记忆生字。如：学习"坐"字时，有学生编了这样一句顺口溜："两人土上坐"；有的学生用"二小、二小，头上长草"来识记"大蒜"的"蒜"字。

2. 画中识字

对于小学生，特别是低年级的学生来说，形象思维占主导地位。因此，小学生对于直观形象的东西要比对那些抽象的东西感兴趣得多。根据这一特点，用画画来帮助小学生识字，也收到了很好的效果。如教学第三册归类识字（一）的第二课时，让学生联系实际生活中所见到的树，把它画下来，然后再写上树的名字；课外，让学生去捡拾各种树叶，贴在纸片上，下面写出树的名称。这样，学生不仅复习了课本上的生字，而且还学会了其他树的名称。这一课，课本上只介绍了 8 种树木，通过课外的练习，不少学生搜集到了 20

71

多种树叶，通过问家长等形式写出了树木的名称，识字量大大超过教材数目。

3. 比一比，谁记得快

小学生对于丰富多彩的比赛活动也很感兴趣。如刚入学不久的一年级小学生，对于同学的名字很好奇。在一年级小学生中开展记同学的名字比赛，看谁最先认识同学的名字，并让学生尝试着发作业本。在学习每课生字时，教师引导学生先学习难写的字，其余的字完全发给学生，看谁记得快，记得巧。

此外，还根据学生和教材的特点，适当调整课文次序，采用组合成字、通过联想记忆等识字方法进行识字教学。

二、拓宽识字渠道

"一枝独放不是春，百花齐放春满园。"教材是学生学习汉字的重要凭借，却不是唯一凭借。努力营造识字氛围，开辟其他识字途径，让学生广泛识字。

1. 开展"快乐十分钟活动"

每周二、四中午的课前 10 分钟活动是学校全校性的语文实践活动时间。这十分钟完全交给学生，学生可以自由上台交流。交流的内容很宽泛：可以是收看或收听到的新闻大事，也可以是自己读过的一篇文章，还可以是自己学到的一个生字。低年级每周二的快乐 10 分钟为"我是识字能手"交流活动，交流上周自己学会的 5 个生字。要求每个学生每天学会一个新字，学生兴致很高，效果很明显。每周四的快乐十分钟，就为"小小故事家"交流活动，学生自愿上台把自己读到的、听到的丰富多彩的故事绘声绘色地讲给同学们听。在读讲故事的过程中，识记了生字，增加了识字量。

2. 提前教给二年级学生部首查字典的方法

在义务教材中，二年级上学期教给学生音序查字典的方法，到三年级才教给学生部首查字典的方法，这样，在1—2年级时，有很多生字学生想识字却无法凭借字典这个"万能工具"。笔者认为，对于部首的认识与辨析，学生在一二年级已有所涉猎，可以借查字典来增加学生对部首的分辨能力。所以二年级上学期可以教给学生部首查字法。实践证明，提前教给小学生部首查字典的方法，可帮助学生提前识记不少生字，是一条重要的识字途径。

3. 走出去，到生活中去识字

"纸上得来终觉浅，绝知此事要躬行。"社会上形形色色的商店名、商品名琳琅满目，令人目不暇接。这正好成为识字教学的一方有利天地。要求学生走上街头，走进商店，识记各种店名、商品名，增加了学生的识字量；还组织学生上街找店名或广告中的错误，如有的商店的广告牌上写着"男牛80元，女猪100元"，实际上是省略不当；每到春节，有的标语将"欢度春节"的度写成"渡"……学生一一指出错误。这样，使学生从小便懂得学以致用，养成良好的识字习惯，形成规范的语言习惯。

另外，还鼓励学生多读课外书，进行诵古诗、猜谜语、讲故事比赛，拓宽了识字教学渠道。

三、教给识字方法

"授人以鱼，不如授之以渔。"老师所能教给学生的生字毕竟是

73

有限的。怎样才能更好地发挥学生的主动性和创造性，让学生自己去识记生字呢？我们在实际教学中注意做到以下两点：

1. 总结识字规律，教给识字方法

任何事情都蕴含着其客观规律。只有掌握住了规律，做事才能成功。汉字中形声字占绝大多数，根据它的表音表义相结合的特点，我们在实际教学中就引导学生分类记忆，像"江河、湖海"等字，因为跟水有关，所以带"氵"；再像与树木有关的"松树、杏树、桃树、李树"等，就都带有"木"字，这些规律都让学生知晓。时间久了，学生也会将自己所学到的字来分类记忆。如有的学生把带"扌"的字归在一起，"打、捡、提、扛、撑"，表示这些字跟手有关。

2. 利用构字部件相加减的方法识字

字与字之间在结构上也有着很大的联系，像"哥哥"的"哥"字是由"可"字组成。像"青草"的"草"字，由"早"字加上一个"艹"就成。在教学中，调动学生的思维，让他们从大脑中寻找可以组成生字的"部件"，一旦找到，那么这个生字就与已识记的汉字之间结下了扯不断的联系，再也不会在学生大脑中被遗忘了。例如"拔"与"拨"，因为这两个字字形太相近，所以学生往往容易将其混淆。运用"部件相加减"的方法，先记住"拔"，然后再加上一笔，就组成"拨"。学生用这种方法来识记，就很牢固，而且不易混淆。

学生对于这一方法领会很快，而且随着学生识记的生字越多，这种方法的应用就越广泛。学生在此基础上还发现可以"加加减减"。就是有的字无法一下子拆成几个部件，那么可以在熟字的基础上减去几笔或加上几笔来记忆。

四、培养识字能力

识字教学不仅仅是教学生识字，关键的是培养识字能力，开发智力。我们注意做到以下几方面结合：

1. 识字与拼音教学结合

教学汉语拼音时，我们对能和汉语拼音联系起来的字非常重视，如在教学"f"时，随之出现的还有"佛"这个字，这样学生一面记住了汉语拼音，同时记住了"佛像"的"佛"字，知道这个字读"fó"，是"大佛"的意思。

2. 识字与识词结合

如果一个生字能和已学过的字组成词语，及时地进行组词练习，将生字放在词中记忆、巩固，这样，随着识字量的增加，也增加了词汇的积累。词是读写的基本单位，增加词汇量对提高读写能力大有裨益。教学每一个生字时，注意让学生扩词，有些字学生能组十几个甚至二十几个词。如"生活"的"生"，学生就扩了二十几个词：生字、生活、生命、生产、生长、生成、生动、生机、生日、生意、生气、生物、生姜、生存、生人、生根、产生、发生、畜生、花生、学生、一生、陌生、活生生、人生、差生……

3. 识字同阅读结合

低年级课文是短小的童话，教师即使不讲学生也懂，低年级小学生强于记忆，弱于理解，深奥的道理讲也不懂；顺应教材特点和小学生的年龄特点，在低年级阅读教学中，遵循的一个基本原则就是多读。理解课文在学生读正确、读流利的基础上进行，坚决摒弃从头串讲的教学模式。以课后习题为依据，每课只提一两个问题，坚持多读。扩大学生阅读量，切实用好《自读课本》。自读课本第一册，对于刚入学的一年级小学生来说，既不会拼音，又不识字，无法自读。即使学完拼音，开始识字，也不可能很快形成自读能力。为此，为教材配录音，让学生听读，指导学生阅读《自读课本》第一册，开辟了一条发展语言的新途径。

4. 识字和作文早起步结合

从学生一入学起，就注意抓好学生的听话、说话训练，训练学生说完整的话。从一年级下学期开始写话训练。写话时结合学生不会写的字，教给学生生字。识字与写话结合的做法主要有：

一是抄记引路。所谓抄记，就是抄课文，它是学生作文前的必要准备，又是巩固识字，积累词汇，正确使用标点的有效手段，抄记从一年级下学期开始。

二是说写同步。每次小作文，老师们都是让学生充分说，然后再写，说的过程中有些学生不会写的字，教师就有重点地板书在黑板上。

三是创设情境。首先指导学生看图，启发想象，再现生活情境写作；引导学生观察自然，如落日的余晖，雨后的彩虹，校园的花草，郊外的春色，秋日的田野……然后写话；开展丰富多彩的活动，创设生活情境写话。

四是编故事、写童话。小孩子喜欢听故事，乐于看动画片。低年级的写话就侧重于让学生把听到、看到的故事记下来，从而激发学生的写作兴趣。

5. 识字与其他学科结合

语文是学习其他科学知识的凭借，反过来通过其他学科的学习，也可促进学生识字。比如一年级教师在教学数学应用题时，题中有些生字、生词，学生不认识、不了解，那么老师就要引导学生先认识字词，弄清题意，再做题。在音乐教学时，音乐老师可以利用学生对歌曲的兴趣，来学习歌曲中学生不认识的字词，从而更好地理解歌曲所表达的感情。

生态识字开辟了广阔的识字视野和识字空间，学生二年级结束识字量在1800字左右，超过了课程标准要求的识字量；同时学生的阅读能力、写话能力有了较大的提高，学生写话在300字左右，为学校中高年级进行的"大量阅读，快速作文"提供了保障，为学生的可持续发展、终身发展奠定了坚实的基础。

附录　　小学生硬笔写字的现状调查及对策

【关于附录的说明】本章讲的是识字教学。其实写字与识字是密不可分的，写字也是识字教学的一个重要组成部分。为了说明写字的重要性，笔者把十年前写的一篇调研报告收录本书中，原汁原味，凸显笔者对写字的重视。

写字是一项重要的语文基本功，是小学语文不可忽视的教学任务。学生练得一手好字，不仅有益于当前的学习，而且会受益终身。笔者近期对我市城乡部分小学的硬笔写字现状进行调研。

一、抽样与调查的方法

笔者共选取12所学校的12个教学班、617名学生参与写字调查，其中，抽取了城区的四所小学，每所学校一个教学班，共251个学生；抽取了五处乡镇的中心小学，每校一个班，共258人；从不同乡镇抽取了三所村级小学，每校一个班，共108人。

抽取班级后，从以下两方面进行写字调查：

1. 从学生本学期学过的生字中抽取50个连词听写，每个词读两遍，听写结束后给学生1分钟的检查修正时间。在听写的过程中，有两位老师现场观察学生的写字姿势和执笔姿势。听写结束后，对学生听写的正确率、书写的端正美观程度、纸面的整洁等三方面的情况进行批阅统计。

2. 抽取该班学生前一天的家庭作业，对学生的书写整洁情况和作业用笔情况进行统计。

二、小学生硬笔写字的现状

1. 坐姿和执笔姿势

关于坐姿和执笔姿势，不少学校概括为"三个一"，即胸部离课桌约一拳、眼睛和纸面保持一尺左右的距离、右手拇指和食指握住笔杆下端距离笔尖约一寸。调研中发现，完全符合"三个一"要求的仅占45%左右，其中做到"胸部离课桌约一拳"的约占65%，做到"眼睛和纸面保持一尺左右的距离"的约占70%，而学生执笔姿势五花八门，感觉执笔很"费力""别扭"。

2. 卷面整洁情况

学生的卷面书写整洁和比较整洁的占93%，低年级有近4%的学生卷面因用橡皮擦拭不当造成纸面黑脏，或纸面有窟窿，或较多的橡皮屑附着在纸面上，极个别学生的作业纸张下角团起；中高年级个别学生的钢笔漏色造成卷面成"大花脸"，近5%的学生家庭作业不会使用修改符号，而是随手涂改，或使用不干胶粘贴，或使用修正液涂改。城镇学校使用不干胶粘贴或使用修正液涂改的学生数多于乡镇学校，但卷面整洁程度要好于乡镇学校。

3. 听写的正确率

生字所组成的词语听写准确率较高，城区学校的听写准确率在98%左右，乡镇学校的听写准确率在96%左右，差别不大，应当说各学校重视基础知识的教学。

4. 字的端正美观程度

笔者组织部分教师对学生的生字连词听写情况进行评判，分成优秀、良好、一般、较差四个等次，结果优秀的占22%，良好占46%，较差的占13%，其中城区学校学生的字体明显好于乡镇学校。有的学生的字过大或过小，字的间架结构处理不好，不会顿笔、行笔、收笔，个别学生的字朝某一方向倾斜。

5. 学生的写字速度

学生能在规定的时间内完成听写任务，高年级97%的学生能做到"写字有一定速度"。

三、学生硬笔写字存在的问题及原因分析

通过对小学生硬笔写字情况的现状调查，笔者认为，目前小学生硬笔书写的问题主要表现在两个方面：一是学生没有形成良好的写字习惯，坐姿和执笔姿势问题较严重；二是字的端正美观程度不够，间架结构、运笔都有待加强。

导致写字教学效果差的原因是：

1. 对写字教学的重要性认识不够。有的人认为只要把字写对即可，至于写的字是不是好看、写字姿势好坏无关紧要；也有人认为，电脑越来越普及，人们使用电脑的频率越来越高，根本没必要在写字上下功夫。

2. 学前教育不规范、小学1-2年级对写字教学的重视不够。不少幼儿园迎合家长对孩子进行早期教育的心理、片面追求办学效益，进行所谓的早期识字实验和幼小衔接实验，让幼儿园的孩子过早地学习小学知识，由于方法不当，要求不严格，尤其是对写字的姿势、执笔方法等不重视，放任自流，使幼儿养成了错误的写字姿势和习惯，导致进入小学后要改掉坏习惯、纠正错误的写字姿势需花费很大的气力。也有的低年级教师不重视写字教学，或者措施不得力，致使学生写字姿势不对，不能正确处理汉字在田字格中的占位。

3. 受应试教育的思想影响。"考试是个指挥棒""上面考什么教师教什么"，由于考试中对写字教学不考查或考查所占分值很低，所以教师不重视写字教学。有些学校干脆将每周一节的写字课时挤掉，用于安排其他考试科目的教学，因此，写字教学在一些学校就成了可有可无的事。

4. 与作业量大有关。个别学校不按规定设置作业，导致学生要书写的量很大，造成学生写字只图快、不求美的弊端。由于小学生手部肌肉尚不发达，繁重的书写任务损害了学生的身心健康，且使学生养成错误的握笔姿势，

5. 受教学条件的制约。有的学校班额较大，六七十个学生挤在一个教室上课，课桌之间的间距小，学生无法做到"胸离课桌一拳"；也有的课桌太高或太矮，与学生的身高、坐高不相适应，致使学生趴在桌上写字；还有的教室采光不好，学生在暗弱的光线下学习，造成不少的近视眼。

四、对策与建议

1. 提高对写字教学意义的认识，教师率先垂范

关于写字教学的意义，教育部在《关于在中小学加强写字教学的若干意见》中明确指出："（写字）是学生学习语文和其他课程，形成终身学习能力的基础；热爱祖国文字，养成良好的写字习惯，具备熟练的写字技能，并有初步的书法欣赏能力是现代中国公民应有的基本素养，也是基础教育课程的目标之一。"崔峦老师指出："字是一个人的另一张名片，是一个人语文素养、文化素养的一部分，我们要让孩子塌下心来，好好地写字，我们的老师也要写好字。"

对于写字，教师应当率先垂范。教师写得一手好字，能给学生做示范，在潜移默化中促进学生良好的书写态度和习惯的养成，也才能有效地指导学生练字。各科教师都应以规范、美观、整洁的书写做学生的表率，包括板书、作业批语和日常公众用字。学校要高度重视提高教师的写字和写字教学水平，如有的学校为每一位教师设置一本练字本，要求教前必练，有的学校经常开展教师书法比赛，狠抓教师的三笔字训练等，都是行之有效的好办法。

2. 重视习惯养成，持之以恒抓落实

重视习惯养成。着力抓好以下习惯的培养：一是正确的坐姿和

规范的执笔姿势，并形成习惯，二是爱惜文具的习惯，三是卷面整洁、认真写字的习惯。

持之以恒抓训练。习惯的养成非一日之功。教师首先要教给学生正确的写字姿势、执笔方法，持之以恒地严格要求，一丝不苟。学生写字时，教师做到"眼快、心细、脚勤"，发现个别的问题及时给予纠正，发现普遍存在的问题集体解决，对间架结构、间隔比例等不规范的字坚决让学生再试写。及时表扬鼓励姿势正确的同学，耐心纠正不正确的姿势，这样反复训练一段时间后，学生自然就能保持良好的书写姿势。

3. 遵循规律，加强指导，提高写字教学的实效性

集中练习笔画、部首。汉字都是由笔画组成，写字之初，最重要的是笔画的训练，要落实笔画的笔法训练。笔法即运笔的方法，汉字的基本笔画有点、横、竖、钩、折、撇、捺、提等八种，其运笔方法一般可分为起笔、行笔、收笔。这八种基本笔画必须加强指导与训练。

引导学生重视构字的规律。字的结构一般有独体、合体、半包围、全包围和"品"字形等，每个字中笔画的长短、粗细和位置的安排，都要予以指导。

培养学生的观察能力。引导观察汉字在田字格中的占位，先从整体入手，找准占在横、竖中线上或靠近横、竖中线的关键笔画，然后找次要笔画，看它们在什么位置着笔，再看部件或笔画占位的大小多少、穿插挪让。久而久之，学生就会形成一定的观察能力，写起来就会有格可依，有架可搭，而不是随意涂写了。

4. 改进写字教学评价，提高学生写好字的自觉性

建立和完善常规检查制度。学校要注意规范各科作业书写要求，定期抽查写字教学落实情况。教研部门要重视平日的随机抽查，要把学生书写问题作为平日教学督导的重要内容，随时给予关注，发现问题及时纠正。

加大写字考查力度。在教学质量检测命题中，把汉字的书写和卷面情况纳入考查范围，并视情况加大分值权重。

不同年级区别对待。对小学低年级的写字评价，特别要关注认真书写的态度和良好写字习惯的培养，重视书写的正确、端正、整洁。对小学高年级以上学生的书写评价，既要关注上述基本要求，还要注意学生书写的速度，也要尊重他们的个体审美情趣。

典型引路。在学生和学校中树立典型，选出书写好的作业在学生中传阅，让学生学有榜样。教育部门评选"写字教学示范校"，对外开放，组织师生参观。

5. 为学生写好汉字创造良好的环境和条件

改善办学条件。学校严格控制班额，要保证课桌椅与学生身高相适应，保证教室有充足的采光。

严格控制作业量。让学生在轻松愉快的气氛中学习，对书写的作业，数量要适度。特别是低年级，尽量让学生少写，使学生对写字不畏惧，"写一个，是一个"。

开展多彩的语文展示活动。通过举办书法讲座、参观书法展览、组织写字比赛、举办写字兴趣小组等方式，提高学生的书写能力。

第三章

生态语文视野下的阅读教学

生态阅读，调动学生阅读的兴趣，鼓励学生多读书、读好书、读整本的书，确保完成小学语文课程标准提出的教学目标"课外阅读总量应该在 145 万字以上"。这一阅读数量目标，既是小学语文阅读教学的底线，又应当是语文教师孜孜追求的教学愿景。

有一句口号性的话语，"得语文者得高考，得阅读者得语文"。阅读，改变着一个人、一个家庭、一所学校的气质。

第一节 "三段十读"教学法：以读为主线安排阅读教学结构

古人云："书读百遍，其义自见。"一语点破了多读的重要性。在语文教学中，学生读懂一篇文章，应当主要靠学生在教师指点下自己读明白，而不是靠教师"讲"明白。然而，审视目前的语文教学，却存在着讲多读少的现象，"读"得不到应有的重视；即便重视,却又落不到"实处"。

笔者在多年的语文探索中,提出了一个口号:"语文教学无论怎么读都不过分!"并将其扎扎实实地落实到每一位语文教师的教学上,贯穿于阅读教学的全过程,提出了"三段十读"的教学方法,《山东教育》曾给予报道。主要做法是:

一、初读准确充分

1. 通读

对新事物好奇是少年儿童的普遍心理特点,也是一个人走向成功的起点。根据学生对新书十分好奇的特点,学校每学期都想方设法组织货源,确保新课本及时到位,放寒暑假前便把崭新的课本发放到每一个学生手中,假期中要求学生把新课本通读一遍。开设新课本介绍课。介绍课上,教师或简介部分课文内容,或感情朗读课文的部分段落,或提几个饶有兴趣的问题,或介绍某个故事情节在高潮处戛然而止,使学生产生强烈的、非读不可的愿望。好奇感、求知欲促使着学生急切地去阅读新课本。学生从整体上把握感知了课文,注意到了新课本中的一些重点和疑点,同时培养了自学能力,真可谓一箭三雕。

2. 预习读

课堂教学效率的提高与学生高效地预习课文是分不开的,预习提高了课堂教学的起点,如果学生对课文很陌生,读得不熟练,语文讲读课上就得花费较多的时间去纠正学生读书中添、漏字及错字,哪里还来得及对课文深入地精读呢。因此,要十分重视学生的预习读，制定各个年级的预习要求，把预习的重点放在读课文上，明确规定预习读最少遍数，一般是3~4遍，预习读力争达到"五不""四一"的目标，即不读错一字，不添一字，不重复一字，不丢一字，不唱读。这一要求也是较高的，对训练学生的语感大有帮助。为了达到这一要求，同学们认真练习，有的同学利用录音机再现自读的情况，纠正错误，反复练习，达到正确流利。

3. 检查读

有布置就要有检查。检查读既可以督促学生抓好预习读，又可以发现学生读书中存在的问题，是学生的朗读达到"五不""四一"的关键环节。检查学生读书情况一般采取指名读的方式，对读得好的及时鼓励表扬，对存在的问题足够重视，该重读的重读，该强调的强调，对于存在的共性问题教师示范读，或请优秀学生范读，使全班学生的初读均达到正确流利的要求，为课堂上指导学生的精读打下坚实的基础。检查读促进了学生的自觉读书。

二、精读入情入境

1. 理解读

"书中自有黄金屋"。在讲读课中，给学生充足的时间去读课文，或轻声读，或默读，或指名读，让学生从文本中发现真知灼见，从文字中寻找"黄金"，以读助解。根据教育心理学的研究成果——"无目的读的效果只占有目的读的三分之一"，明确提出要让学生带着问题去读书，边读边思边理解。提的问题要集中、明确，不烦琐，不能过多，每次以一两个为最佳，增强目的性，克服盲目性。问题设计上要少问几个"为什么",遵照学生的认识规律和课文特点,注意整体设问,整体中见层次见深度。通过理解读,使学生真正理解课文内容,体会揣摩作者所要表达的情感,为指导学生的有感情朗读做好铺垫,打好基础。

2. 感情读

"入境而动情。"有感情读的关键是引导学生进入情境,只有把学生带入到作者所描绘的情境之中,使学生的感情和作者感情发生共鸣,学生的朗读才最能打动人、最富有感情、最富有魅力,也才能真正做到"其意皆若出于吾之心""其言皆若出于吾之口"。可以采取多种手段引导学生入境:

a. 想象入境。引导学生结合自己对生活的感受,展开丰富的想象,把作者用文字描绘的内容还原成学生脑海中的画面,使学生产生身临其境之感,激发情感。笔者在教学《我的战友邱少云》的重点段第7、8自然段时,让学生联系小火炭掉在手上很烫人的实际,想象熊熊大火把邱少云包住了,大火在邱少云的头上、身上燃烧的情景。此时的邱少云忍受着无比巨大的痛苦,而依然坚持隐蔽做到纹丝不动的壮举,就像电影一样浮现在学生的脑海中,英雄巨人精神震撼着孩子们的心灵,激荡着孩子们的情感,此时的感情朗读是最成功的。读书的同学动情地朗诵着,听的同学完全被打动了,眼角噙着晶莹的泪花。

b. 直观入境。通过播放乐曲、配音朗读、幻灯等方式,把学生带入作品所描绘的境界中。在教学《桂林山水》时播放录像片《桂林山水》,让学生朗读课文为其配音,效果很佳,可谓山美水秀情自真。

　　c. 渲染入境。教师以生动的描绘、铿锵的语调、澎湃的情感激发起学生的情感，让学生进入艺术氛围，进而感情朗读。

　　d. 角色替换。要求学生把课文中的情景看成是自己身边刚刚发生的事情，把自己融到课文中去，自己就是文中的一个角色，然后让学生朗读，感情就会表达得十分真挚自然。

　　有感情朗读是在学生充分理解感悟课文内容的基础上进行的，同时给予学生有关朗读的技巧的提示，如怎样确定重音、速度，怎样安排停顿，怎样处理节奏、语调等。

　　3. 品评读

　　语文教育家张志公先生曾经形象地说过，阅读教学要带领学生在课文里走一个来回。"来"就是语文教学大纲中指出的"指导学生通过语言文字正确理解课文主要内容，体会思想感情，受到思想教育。""回"就是"教师还要指导学生热爱祖国的语言文字"。简言之，在来回中提升学生语文素养。理解读和感情读解决的是"来回"中"来"的问题，"回"则主要是靠品评读去完成。教学中引导学生通过对文本的重点词句段的反复咀嚼、细细品味，"探幽索隐"，潜心体会本文，体会作者遣词造句之匠心，领悟祖国语言文字的无穷的表现力。"烈火在他身上烧了半个多钟头才渐渐熄灭"和"从发起冲锋到战斗结束，才20分钟"中的两个"才"字，在文中意思相同吗？指导品读时，让学生去掉"才"字和保留"才"字反复读，慢慢嚼，细细品评，相互交流，学生终于品出了"才"的"滋味"：第一个"才"字表示时间很长，表现了邱少云严守纪律、不怕牺牲的精神；第二个"才"字表示战斗胜利之快，是邱少云严守纪律的结果，说明纪律的重要性。两个"才"字却有着不同的内涵，语言文字的表现力是何等的丰富啊！如此品味，语言就有了滋味，学生受益无穷，这才叫揣摩语言。

在指导学生精读时，必须处理好"来"和"回"的关系：要把"来"和"回"有效地糅合在一起，要靠读书来完成"来"和"回"。教学《第一场雪》的"雪后美景"时，通过理解读和感情读使学生体味到了雪后的景色很美，感悟到作者的心情非常喜悦。然后通过品评读，抓住几个重点词和儿化音，使学生体会到作者的高兴喜悦心情是通过"蓬松松、沉甸甸"等看似矛盾实则有章法的几个词语和"银条儿"等大量的儿化音表达的。这样，通过各种形式的读，让学生在文章里走完了"来回"。

三、回头读融会贯通

1. 强化读

"旧书不厌百回读，熟读精思子自知。"根据心理学所揭示的"遗忘先快后慢，到了一定时间很难遗忘"的规律，合理安排强化读，新学过的课文一定要熟读好，过一段时间再安排重复朗读或背诵，也就是学完新课及时读，学着本课读上课，学着下册读上册，变瞬时记忆为永久记忆。

2. 归类读

归类读就是围绕一个专题、一个内容诵读有关的课文。例如围绕"祖国山河多壮丽"的主题让学生朗读《富饶的西沙群岛》《美丽的小兴安岭》《可爱的草塘》等；结合清明节，让学生朗读《刘胡兰》《囚歌》《黄继光》等课文；围绕"描写人物的肖像"让学生朗读直至背诵《伏尔加河上的纤夫》《少年闰土》《书的故事》等课文中有关人物外貌描写片段……这样的读书使学生受益匪浅。在归类读中掌握朗读的要领技巧，牢记所涉及的课文内容，学到写作方法，提升综合素养。

3. 考查读

为了把读真正落到实处，尝试对学生读的情况进行考查。实践中把学生朗读默读的成绩纳入学生的语文成绩中，考查朗读的成绩占总成绩的10%~20%。在语文考试中阅读能力的考查占了较大比重，增大阅读量，同时也对学生朗读技巧进行一定的考查。考查读有效地促进了学生朗读水平的提高。

4. 熟读成诵

由于认识到了多读在阅读教学中的巨大作用，所以老师们在备课中十分重视"备读"，做到三备，即备语音、备技巧、备情感。在讲读教学中，指名读、分角色读、轮读、示范读、旁白、自由读等朗读形式交叉进行，极大地促进了学生朗读水平的提高。小学毕业时学生都能按课标要求正确流利、有感情地朗读课本上的文章，都能至少背过200个精彩片段，笔者所教班级中很多学生甚至背过了小学阶段70%的课文。

多读，不是机械的、无目的的念读，不是"小和尚念经"，有口无心，"三段十读"的每一段、每一步、每一招都带有明确的指向性、目标性和灵活性。阅读教学中以读为主线安排教学结构，读成了手段和目的有机统一。实践证明，多读带来了巨大的效益：有助于学生对文章的深刻理解，促进了阅读教学效率的提高，培养了学生的理解能力；在读书的过程中学会了读书，培养了自学能力；多读训练了学生的语感，促进了学生表达能力的发展，正如叶老所言："……不知不觉内容和理法化为读者自己的东西了，这是最可贵的一种境界。"

多读，有两方面的含义，一是课本上的文章要读熟读通，读得滚瓜烂熟；二是多读取课本外的文章，博览群书。"三段十读"教学法主要侧重如何读好课内的文章。具体一篇文章而言，"十读"中的二、三、四、五、六读，就有更强的针对性，抓好这几读，讲读课就会精彩有效。

课例举例：

这是笔者为省领导、省语文教研员出示的一节阅读课。

第一场雪（第二课时）

一、导入新课

上节课我们给课文分了段，学习了文章的第一段。

我们知道，昨天傍晚时分下起了入冬以来的第一场雪。

二、学习课文第2段

1. 那么，下雪时是怎样的情景呢？请一位同学读第2段，其他同学思考：你觉得这场雪下得怎么样？（概括地说）你是从课文的哪些地方看出来的？

（思考后教师问）同学们，你觉得雪下得怎样？（板书：大）

你是怎么读懂的？（要求学生抓的词句：纷纷扬扬、簌簌、大片大片、压断咯吱、一夜、一会儿）（并且顺着学生的分析发言顺势板书加点的字词）

2. 重点词"簌簌"这是写下雪时的（声音，板书），"一夜"是写下雪持续的（时间，板书），"大片"是说雪的（板书：样子），作者就是从这三个方面来写雪下得大。

3. 雪下得很大，读书时，就要把表示雪大的几个词语突出强调出来。生练读。（一生读）

三、学习第3段

1. 雪后又是一番怎样的景象呢？课文第3段做了精彩的描写。（板书：下雪后）

2. 请同学们细读第3段的第一自然段，你是从哪些地方知道雪下得很大？

预设：A. "嗬！好大的雪啊！"（惊讶的语气）。

B. "山川……万里江山变成粉妆玉砌的世界""粉装玉砌"是何义？"万里江山"是一万里吗？指读。这是写什么？（面积广、范围大。）

C. 出示重点句"柳树上挂满银条儿，松树上沉甸甸的雪球儿"（说明：随着学生发言板书重点词语：万……粉……柳、松）

3. 雪确实的大。这场雪不但大，并且雪后的景色很美。（板书：美）

（出示画有冬天柳松的小黑板）指着简笔画说，这是（柳树），这是（松树），松树上挂的是（雪球儿）柳树上挂的是（银条儿）。

①挂的是什么样的银条儿？（生：毛茸茸、亮晶晶）

辨析：毛茸茸是说什么？（生：动植物的毛丛生的样子）

师：这里是不是指动植物的毛？（不是）是什么？（生：银条儿上的雪）

师问银条儿的雪为什么毛茸茸的呢？（学生沉思）

教师启发：雪的形状多是六角形，总有一个角朝上，雪松软，多了，就形成了毛茸茸的了。

让学生画一根根银条儿。

师引导：毛茸茸的东西给人们的感觉一般是不亮的，此处却是亮晶晶的呢？

学生悟：开始下小雨，结了冰，在阳光的照耀透亮……

②松树挂的是什么样的雪球呢？（生答：蓬松松、沉甸甸）联系生活，一般是说什么蓬松松？（生：头发、尾巴）

雪为什么会是蓬松松的？

〔引导：松针扎煞着，雪软，雪与雪之间有空隙……〕

生板画蓬松的雪球。

蓬松松的东西很轻的，此处为什么是沉甸甸的？

③就一根银条儿，一个雪球儿？（生：不、满）教师描述：树上就挂满了，这样的毛茸茸、亮晶晶的银条儿，就挂满了这样蓬松松、沉甸甸的雪球儿。指导学生朗读这段话

小结："蓬松松、沉甸甸"，"毛茸茸、亮晶晶"看似矛盾的词语向我们描绘了雪后柳树、松树的不同姿态，展示了它们的静态美。

④还有更美的，接读"一阵风吹来"

这幅画如果画下来的话，画面上都有些什么呢？（雪末儿、雪球儿、彩虹）

为什么会显出彩虹呢？师生交流，彩虹的形状、颜色。

根据学生描述，教师用彩笔画出一道彩虹。（虚幻）

教师引导为什么是一道道彩虹？（无数的银条儿、雪球儿……）

教师随手再画几道虚幻的彩虹。

什么是五光十色？作者为什么用"五光十色"不是"五颜六色"？光何处来？

〔点拨：前者还有光泽，显得更美了。〕

一生读读这句话，同学们闭上眼睛想象是一幅怎样的画面。

小结："一道道""彩虹""五光十色"向我们展示了一幅生动的画面，一种动态美。

⑤整个世界一片雪白，一派北国风光，近处是一道道彩虹，白的显得更白了，彩虹显得更艳了，更美了。

⑥作者的心情怎样？（喜悦）

默读通过哪些词句表现出来的？

学生自由试读一遍，齐读。

再让学生感情朗读。

4. 写的是雪后的景色。（景）第二自然段是写谁的活动？（人）

"那欢乐的叫喊声，把树枝上的雪都震落下来了。"是真的吗？为什么这样写？（衬托，孩子们高兴）作者的喜悦心情就是通过人们的叫喊声、舒畅心情表达出来的。

四、由第一场雪联想到什么？〔板书：联想、瑞雪兆丰年〕

1. 解释"瑞""兆"的含义。

齐读"瑞雪兆丰年"的科学根据。

2. 十分及时的大雪，定会促进小麦的丰收。引读谚语。

说说谚语的意思：

3. 这样的大雪，心情会怎样？

〈教具〉

小黑板：冬天的一棵松树、一棵柳树

〈板书〉第一场雪

{ 大雪时：大片（样子）、簌簌（声音）、一夜（时间）
  下雪后：{ 景：万…粉…、柳、松
           人：欢乐 }

第二节 "立足课堂，两头延伸"教学模式：
尊重个性化的阅读体验

阅读教学在小学语文中所占课时最多，是语文教学的主体，也是提高语文质量的关键。可以说，小学语文教学费时低效的问题，突出表现在阅读教学上。

今天的阅读教学，好似老式挂钟，总是在两个端点摇摆，一会儿摆向理解内容，一会儿推向学习表达，走了极端路线：

1. 阅读教学过分重视内容的理解，忽视语言的揣摩和运用

语文课成了故事课，课堂上精彩华丽、故事阐释的引人入胜。

讲，面面俱到；问，频繁琐碎，挤占了学生动脑思考、动手操作、动口表达的宝贵时间。一篇二三百字的短文，一首诗歌，要讲上整整一节课，多媒体课件让人眼花缭乱，一会儿教师问学生答，一会儿学生又是唱又是跳，美其名曰语文和其他学科整合，课堂气氛活跃极了，但学生有效的思考时间没有，揣摩语言的时间没有，课堂上连写生字的时间都没有。尽管如此，课堂上还是常常完不成教学任务，需要课后布置大量的作业，没有时间进行有效的、有价值的读写训练。

2. 阅读教学过分强调语言和写作的训练，语文课失去了语文的味道

近几年来，大家不断呼吁改革语文教学，加大了语言的揣摩和运用训练，但又走向了另一个极端：课堂上理解课文内容的时间大大缩短，书都读不完，对课文内容囫囵吞枣，没有形成一种汹涌澎湃的感情体验，马上就进行哪个字词用得好、仿词仿句的片段训练，语文课就成了语法课、写作课，枯燥无味。

为此在阅读教学中认真实践"重诵读、重语感、重积累、重感悟"的思想，中高年级课例教学的模式——"立足课堂，两头延伸"。

一、模式概述

所谓"两头延伸"，即抓好课前和课后。课前，让学生充分读书，充分自学，充分查找有关资料，从而提高了课堂教学的起点；课后，学生充分地阅读课外书，充分地练笔，充分地发挥个性特长。

"立足课堂",即在课堂中求落实,使每个学生真正有所得。这一模式的基本结构是六步:第一步课前预习,质疑存疑;第二步检查预习,整体感知;第三步突出重点,一课一得;第四步品评欣赏,各有所得;第五步小结归纳,梳理所得;第六步练习运用,巩固所得。在这六个环节中,"突出重点"和"品评欣赏"是最重要的环节。

突破重点段落的方法是引导学生在课文中走"来回",具体以读书来贯穿,大体步骤是:

1. 指名读重点段,问学生:从这段你读懂了什么?

2. 你从这段中体会到什么?你是怎样体会出来的?

3. 引导学生通过声情并茂的朗读把课文表达的感情读出来。

4. 结合重点训练项目体会作者遣词造句、连段成篇的方法。

课文中的非重点段落或教学中未理解到的内容留给学生充分自学,让学生运用重点段落中学到的方法去独立品评,各有所得。这"得",可以是课文内容方面的收获,可以是作者用词造句方面的匠心之处,也可以是文章表达方法上的独到之点。"品评欣赏,各有所得",使学生真正成了学习的主人,学习方法得到迁移运用、自学能力得到了培养。这一教学模式的运用实现了语文课堂教学的省时高效,为在更广阔的背景下开展丰富多彩的语文活动,赢得了时间、奠定了基础。

二、模式课例举例

这是笔者设计的《詹天佑》教学设计。

教学要求

1. 了解詹天佑的事迹，激发学生热爱祖国、立志为祖国做贡献的思想感情。

2. 体会詹天佑的杰出才华和爱国精神，学习他的科学态度和刻苦精神。

3. 学习本课生字、新词。

4. 知道课文是怎样一层一层表达中心思想的、能顺着作者的思路深入理解课文。有感情地朗读课文。

教学重点

1. 体会詹天佑的爱国热情和创新精神是本课的教学重点也是难点。

2. 了解詹天佑修筑京张铁路遇到的各种困难，通过具体事例体会詹天佑是"杰出的爱国工程师"。

教法：采用导读法，辅之以示图法、以读助讲法等进行教学。

教学时间：2课时

第一课时

教学过程

一、介绍时代背景，整体认识詹天佑

1. 说说课前预习和查阅资料中你所了解的詹天佑的情况

2. 下面让我们请同学们快速浏览课文，看看作者主要写了詹天佑主持修筑京张铁路的哪几件事？

（板书：勘测线路、开凿隧道、设计"人"字形线路）

3. 你还有什么问题？

<<< 第三章 生态语文视野下的阅读教学

二、品读感悟，全面认识詹天佑

1. 詹天佑在主持修筑京张铁路过程中遇到了哪些困难？他是怎样克服的？你从中体会到了什么。

2. 作者从勘测线路、开凿隧道和设计"人"字形线路三个方面来写詹天佑主持修筑京张铁路的，你们小组对哪一方面感兴趣，就自学哪一方面。先自学然后小组内交流讨论。

3. 全班交流：

交流一：修筑铁路的第一步就是勘测线路。下面我们有请学习勘测线路的小组汇报一下他们的学习情况。

①指名说（遇到的困难）

②句1：(詹天佑经常勉励工作人员说："我们的工作首先要精密，不能有一点儿马虎。'大概''差不多'之类的说法，不应该出自工程人员之口。")

从这句话你体会到了什么？你从哪儿体会到他工作严谨的？（严谨、一丝不苟的工作态度）

谁能读读这句话，把自己感悟到的充分读出来？

同学们，詹天佑只是一次两次对工程人员这样说的吗？（不是）

我们可以想象，在施工动员会上，詹天佑面对所有的铁路建设者，慷慨激昂地勉励工程人员——（请女生读）

看到有些工程人员偶尔粗心，施工质量不是很高，詹天佑语重心长地勉励工程人员——（请男生读）

极个别工程人员因为条件艰苦，消极怠工，詹天佑既严厉而又勉励工程人员——（请男女生齐读）

③詹天佑就是这样经常勉励工程人员的。你们小组还对哪句话有所体会？

④句子2：（"他亲自带着学生和工人，扛着标杆，背着经纬仪，在峭壁上定点、构图。塞外常常是狂风怒号，黄沙满天，一不小心就有坠入深谷的危险。詹天佑不管条件怎样恶劣，始终坚持在野外工作。白天他翻山越岭，勘测线路；晚上，他就在油灯下绘图，计算。"）

谁能谈谈你的体会吗？（身先士卒、事必躬亲、以身作则的工作作风）

请大家读读这几句，你脑海里会浮现出了怎样的画面。

教师小结：是啊！怒号的狂风吹动了漫天的黄沙，但吹不动詹天佑坚定的信念，陡峭的悬崖挡住了铁路的延伸，但挡不住詹天佑前进的步伐。我们仿佛看到了他跋山涉水的身影，看到他油灯下布满血丝的眼睛。

⑤对勘测线路这一部分，你们还对哪句话体会比较深呢？

句子3：（"遇到困难，他总是想：这是中国人自己修筑的第一条铁路，一定要把它修好。否则不但那些外国人要讥笑我们，而且会使中国工程师失掉信心。"）

从这句话你体会到了什么？你从哪体会到他的爱国之情呢？（长中国人民志气的爱国之心）你能把你的体会读出来吗？指名读。

教师小结：是啊，爱国主义精神是他战胜一切困难的动力。（板书：爱国精神）

交流二：詹天佑在开凿隧道的过程中遇到了什么困难，他是怎样克服的，你从中体会到了什么？

①请同学们读第五自然段，思考：同样是隧道，詹天佑采取的开凿方法为什么不一样？

指名说。（可见，山势不同开凿方法也就不同。）

②我们一起来看看是不是这样的？（画出中部凿进法和两端凿进法施工图）

③居庸关采取两边同时向中间凿进法，八达岭采取中部凿进法，詹天佑能够根据不同的山势采取不同的开凿方法。詹总为什么能这么巧妙地开凿隧道呢？你体会到了詹天佑怎么样？（总结出詹天佑的创新精神）（板书：创新精神）

交流三：成功开凿了居庸关和八达岭的隧道，但是，到了青龙桥附近又遇到了困难，詹天佑是怎样克服的，你体会到了什么？下面请学习设计"人"字形线路的小组汇报他们的学习成果。

①哪个同学自告奋勇地代表你们小组，把你们画的示意图讲给大家听听？

②同学们，你们觉得詹天佑设计的"人"字形线路好吗？为什么？

④看了詹天佑的设计，你想对詹天佑说些什么？（总结出詹天佑的创新精神，或者对詹天佑的敬佩之情。）

三、感情升华，总结全文

1. 是啊！詹天佑真了不起！正是凭着满腔的爱国情怀，超群的智慧和大胆的创新，用铁一般的事实，有力地回击了帝国主义者，为所有的中国人争了一口气，请同学们齐读最后一段。

读了这一段，你的心情如何？

小结：詹天佑让所有的中国人扬眉吐气了，他真不愧为中国杰出的爱国工程师。

2. 请同学们看小黑板，这是詹天佑主持修筑京张铁路所做的贡献，请同学们默读。（京张铁路1905年动工，1909年8月竣工，比预计提早两年，经费节约28万两白银，全部费用占外国估价的五分之一，可谓花钱少，质量好，完工快，怎能不备受赞叹呢！在中国铁路图上根本找不到200公里长的京张铁路线，相对于数百万公里长的铁路线来说，京张铁路显得微不足道，它是中国铁路的开端，詹天佑是中国杰出的爱国工程师，中国铁路之父。）

3. 总结全文

詹天佑在帝国主义阻挠、要挟和复杂的地形条件下毅然接受任务，他这种崇高的帝国主义精神，不正是我们学习的榜样吗？他用自己杰出的才能和超群的智慧首创了世界绝无仅有的"人"字形线路，采用新方法开凿隧道，成功地修筑了我国第一条铁路，在我国铁路史上写下了光辉灿烂的一页。有这样杰出的爱国工程师，是我们每一个中国人的骄傲和自豪。最后让我们永远记住这个伟大而光荣的名字。

第二课时

一、概括课文的中心思想

二、品评欣赏

把课文最使你感动的地方划下来，在旁边简单地写下自己的感想。然后交流。

三、继续品评

学习了《詹天佑》这篇写人的文章，在写作方面有哪些收获？在文中标出来。然后交流。

四、迁移延伸

补充学生的习作《我的好朋友高君》，短文写了人物的什么特点？是用一件什么事表达的？怎样表达的？你的收获。

五、学习课后字词

最难写的生字是哪个？

用否则、赞叹不已造句。

第三节 "以疑为线索，以思为核心"的教学模式：
阅读贵在有疑，以读思解疑

明代张洪在《朱子读书法》中提到，"读书，始读未知有疑，其次则渐渐有疑，中则节节有疑。过了这一番后，疑渐渐解，以至融会贯通，都无可疑，方始是学。"又提到，"大疑则大进"。还提到，"无疑者须要有疑，有疑者却要无疑。"

朱熹认为读书要"有疑"，由"疑"到"悟"，才有长进。今天我们的阅读课总要提出一些问题，以期引发学生的思考。由问题展开组织教学，问题解决了，课也就上完了。

一、带着谁的问题读书

大家都知道带着问题读书的重要性，目标明确，有利于提高课堂效率。带着谁的问题读呢？有三种情形。

1. 带着老师的问题读。老师为了便于组织语文教学，提前把要问的问题设计好了，即提前预设，上课时用多媒体将问题展示出来，学生带着问题去读书。

2. 带着编者的课后问题读书。带着教师的问题读书，颇受人诟病，"高明的老师"把角度换了换，让学生带着教材编者的课后题的问题去读书。

3. 带着学生自己的问题读书。问题来自学生，学生就是不懂了，通过去阅读，学生在教师的适度点拨下解决了。

显然，思考的问题最好由学生自己发现，这是"思"的开端。以上情形中第三种情形最好。

二、带着什么样的问题去读书

1. 带着整合性的问题读书。

六年级有这样一篇课文，叫《月光曲》。第一自然段这样写的：两百多年前，德国有个音乐家叫贝多芬，他谱写了许多著名的乐曲。其中有一首著名的钢琴曲叫《月光曲》，传说是这样谱成的。内容可谓浅显易懂，老师偏偏问了无数的问题：贝多芬一生谱了多少曲子？著名的同义词是什么？"传说"是不是真的，还可换成哪个词语？开头段有什么特点，和下文什么关系？这样写有什么好处？这样的教学过程问题满天飞，教师应当将问题整合，问有价值的问题。

2. 带着有探究性的问题读书。

学生提了很多问题，有些问题同学之间相互讨论即可解决，教师梳理学生的问题，把有探究价值的问题抛给学生，让学生带着这样的问题去读书。

三、"以疑为线索，以思为核心"的教学模式概述

这种模式使学生在经历"自学质疑——质疑答疑——激疑拓展"的过程中一步步学会学习，把培养学生的质疑、解疑能力作为语文教学培养学生创新精神的着力点来抓。课堂中鼓励学生的创新性思维，不仅求同，更应求异。教学过程一般为：

1. 预习自学课文，你读懂了什么？还有什么不懂的问题？标出来。

2. 小组讨论，看不懂的问题能否小组内解决。

3. 根据小组讨论后的问题和老师的设疑引导学生细读课文，深入探究。一般让学生读读某段或某几段，带着"看读懂了什么"的问题去学习课文。

4. 总结，再次质疑答疑。

5. 走完阅读教学的第二个过程，一般以"有什么收获"和"课文的什么地方给你印象深"为问题展开。

6. 还有什么问题吗？课后探究。

四、模式课例

这是笔者发表在《山东教育》上的教学设计。

《我的伯父鲁迅先生》(第一课时)

教学内容：

学习课文的前三部分。

教学目的要求：

1. 理清课文脉络，给课文加小标题。

2. 运用"联系时代背景""联系上下文"等方法理解含义深刻的句子，体会鲁迅先生深受人们的崇敬爱戴及鲁迅爱憎分明、关心青少年成长的优秀品质。

3. 有感情地朗读课文。

教学过程：

一、默读"导读"，了解本组教材

从今天开始，一起来学习第六组课文。默读"导读"，你知道了什么？（可谈本训练组由哪些课文组成，也可以谈训练重点有哪些，写的是哪些方面的内容。）

二、解题设疑，巧引悬念

学习第六组课文的第一篇课文，请齐读课题。

从课题上，文章要写的是谁？你了解鲁迅先生的哪些情况？（而后教师简介鲁迅先生：原名周树人。他生活的时代，中国社会一片黑暗，劳动人民处在水深火热之中，鲁迅用笔做刀枪，同反动派进行了不懈斗争。积劳成疾，1936年在上海病逝。中国现代伟大的文学家、思想家和革命家。）

再看课题："我"和鲁迅是什么关系？既然"我"称他是"伯父"，又为什么称"先生"呢？

三、整体感知，梳理问题，以学定教

1. 这篇课文很有特点，段与段用空行隔开。课文写了与鲁迅先生有关的哪些事呢？师生共同完成小标题。（师板书小标题）

2. 预习中你还有哪些不懂的问题？学生小组讨论看能解决哪些，小组内不能解决的问题写在纸条上。教师用"实物展台"打印出小组不能解决的问题。

四、学习第一段

1. 请一生读第一段，人们对鲁迅先生怎样？（板书：崇敬、爱戴）

2. 用多媒体展示学生预习时不懂的问题——"为什么鲁迅先生得到那么多人的爱戴？"学生细读课文，重点词句。

（1）学生交流，教师点拨。（"参加追悼会的人多""挽联花圈多"。重点词"失声痛苦"。点拨：什么是失声痛哭？什么情况下会失声痛哭？从失声痛哭中看出什么？）

（2）教师补充资料，鲁迅先生追悼会的第一天，四千多人参加，可见鲁迅先生深受人们的爱戴。朗读前五句话，自由练读。一生读，教师范读。学生练读。

3. "那时候，我有点惊异了"，惊异什么？读最后一句话。

4. 指导有感情朗读第一段。

五、学习第二部分

1. 默读课文，问学生读后知道什么。

2. 课件展示出学生的问题——"'哈哈！还是我的记性好'是什么意思？"

①这句话是在什么情况下说的？（抓"张冠李戴"，什么是张冠李戴，为什么会张冠李戴，"我"张冠李戴的原因不是因为记性差，是读书时不认真，囫囵吞枣。）

②理解伯父话的含义。

③"我"接受批评了吗？从哪里看出来的？（板书：关心青少年）

④从哪儿看出伯父关心"我"？

⑤朗读第二部分

六、学习第三部分

1. 读课文，你读懂了什么？

2. 课件展示出学生不明白的问题——"'你想，四周围黑洞洞的，还不容易碰壁吗'是什么意思？"

（1）这句话是在什么情况下说的？

（2）问学生是真的碰壁吗？"四周围黑洞洞的"指的是什么？"碰壁到底是什么"？提示文字：鲁迅揭露国民党反动派，他的笔是匕首，是投枪。反动派不许他发表文章，要逮捕他。鲁迅用一百多个笔名发文章，和反动派进行斗争。

（3）从鲁迅先生的这些话语中想到了什么？

（敢于斗争）

（4）文中的"我"明白伯父的话吗？哪些词句看出来的？（抓"恍然大悟"的理解）

3. 以小组为单位分角色朗读。课件展示出课文插图，学生分角色朗读。

七、本课小结，提出下节课任务

鲁迅先生得到那么多人的崇敬、爱戴，今天学习了课文的前3个部分，下一节课继续学习。

第四节　以"本"带"本"实验室读书行动：鼓励学生海量阅读

以"本"带"本"，第一个"本"，指的是课本，学生固定的语文教材，根据教育部的规定，教材的使用选择权在学校，但为了教学的方便，学校往往跟着本地区的教材选用走，通常一个地区会选择一种适合本地区的教材版本。第二个"本"指的是其他优秀的教材版本，新课改以来，涌现出了大量的语文教材版本，经过各地的实验、岁月的淘洗，目前全国普遍使用的小学语文教材共13个版本。

以"本"带"本"实验室读书，是指以学生固定的语文教材为主，将其他优秀版本的语文教材引入到学生的视野中。固定的语文教材，由学生保管使用，是教学的主体，利用语文教学的课时进行教学；其他版本的语文教材，按每班最大班额数配备，放在实验室供学生阅读，按年级设立六个语文实验室，以固定的语文教材的学习带动其他版本教材的阅读。

一、实验简介

笔者所在学校是这样进行以"本"带"本"实验室读书行

动的。

学生固定的语文教材是江苏教育出版社出版的教材《语文》，简称苏教版教材，六个年级，共 12 册，每学期人手一册，供学生语文课学习使用。语文教材是学生语文学习的固定凭借。

学校设立了六个语文实验室，分别对应小学 1—6 年级。如学校三年级共有 7 个平行班，最大班额是 60 人，三年级语文实验室就配备人教版、北师大版、长春版、S 版、浙教版等 5 种版本的每一个版本的教材（第五册、第六册）各 60 套。三年级实验室教材总册数是 600 册，由学校出资购买，学生免费循环使用。全校六个实验室共有存书 3600 册。学校调整语文课时，每周拿出一节语文课，从综合实践活动课时调整出一课时，两课时联排，让学生开展阅读，到相应年级的语文实验室阅读。

二、实验缘起

过去的语文教学存在着"教教材"的现象，学生一学期只学习 30 余篇课文，阅读的量少了，实践证明 30 篇文章是形成不了语文能力的；新课改以后，多数老师开始重视课外阅读的作用，但不知道让学生读什么文章，推荐学生读的文章不能有的放矢，学生的课外阅读效果不很理想。一方面要让学生多读书，一方面学生读哪些书好，这个矛盾的问题就摆在了语文教师的面前。

从理论上讲，语文教师应当具备高水平的整合语文课程资源、开发课程资源的能力，但从现实看，由于教师个体学识、素养、眼界、理念、工作量大等因素千差万别，导致教师开发校本教材的能力参差不齐，有的甚至很差。有没有更好的办法解决？

笔者把目光瞄向了专家、语文教材的编写者，瞄向了各种版本的教材。

课程改革以来，国家鼓励教材的多样化，全国各种实验版本的语文教材如雨后春笋般地涌现出来。一套教材的出版发行，凝聚着专家、学者、实验区教师的心血和智慧。以人教社为例，《中国教育报》是这样报道编写队伍的：

"人教社自成立至今，共主持或参与拟定了2000年以前历次中小学各科教学大纲，编写出版了10套供全国使用的中小学教材。"

"人教社一直坚持教材编写队伍的三结合原则：一是学科专家、学科教育专家，二是一线优秀教师、一线教研员，三是专职教材研究编写人员，是这三方面人员的优势结合。"

毋庸置疑，各种版本的编写水平，要远远高于一线普通语文教师的开发教材的水平。

教材编写可以采取拿来主义。

以一套固定的教材为基础，把其他版本的语文教材引进来，教师对其他版本的教材进行二度开发。

三、哪些版本可以进我们的语文实验室

国家鼓励教材编写的初期，先后出现了几十套小学语文教材，有的被全国中小学教材审定委员会给否定了，没有通过初审；有的被市场给淘汰了，学校选用的少，教材没市场。目前比较有影响力和竞争性的小学语文精品教材有13个版本，分别是人教版、苏教

版、北师大版、S版、长春版、沪教版、冀教版、浙教版、鄂教版、湘教版、西师大版、北京版、教科版等。

笔者所在的地区选择的教材版本是苏教版语文教材。

苏教版教材是江苏教育出版社编写的义务教育小学语文实验教科书。江苏全省，山西、北京、山东、陕西等省市的部分区市也在使用。

哪些版本可以进入我们的实验室呢？笔者认真分析各版本教材特点，选择了如下5个版本进入语文实验室。

1. 人教版语文教材

人教版小学语文教材是目前全国使用区域最广、使用人数最多的教材。坚持选文的高品位和典范性，文化内涵丰富，儿童情趣浓厚，题材广泛，时代特征鲜明，体裁多样，组合颇具匠心。

2. 北师大版语文教材

北师大版采取了主题单元的编写。"主题"以一个核心词语组建文化单元，兼顾识字、阅读、习作，及时促进思维发展创新能力和学会学习。

北师大版教材有一定的深度和难度。

3. S版语文教材

S版语文教材选文精美，文化含量较为丰厚；选文题材广泛，中外古今均有。选文贴近学生生活，能引起学生的兴趣；文质兼美，具有时代特点、现代意识，体现中华各民族文化和世界文化的多样化。

4. 浙教版语文教材

教材都是文选型的,提倡"举一反三",希望通过讲深、讲透课文,让学生学得语言规则,自动生成语言。内容贴近生活,可规范学生的口语交际;传递着一种道德理念,教化功用明显。

5. 长春版语文教材

一是贴近儿童现实生活,二是有现代观念,三是中外文化精华,包括中外优秀的儿歌、童谣、现代诗歌、散文、故事、神话、寓言、幽默、童话、漫画、名言警句等,入选适量的古诗词、对联、农谚、三字歌和百家姓等。

以上版本的语文教材均在语文实验室配备。另外,沪教版、冀教版、鄂教版、湘教版、北京版、西师大版、教科版等版本的教材给语文教师配备。

各版本教材各有千秋,凝聚着教材编写者的聪明才智和实验区教师的辛勤汗水,对学生语文素养的形成、多元价值观的培育有着极为重要的作用。

换位思考,为什么可以把这些版本的教材纳入语文实验室?因为这些教材是语文专家编写的,编写的共同依据是《小学语文课程标准》。

四、以"本"带"本"实验室读书行动为学生增加的阅读量

笔者对语文实验室的各版本教材课文目录进行了整理,均以第十册为例加以说明。

1. 人教版第十册课文计 32 篇

2. 苏教版第十册课文计 25 篇

3. 长春版第十册课文计 31 篇

4. 浙教版第十册课文计 29 篇

5. 沪教版课文计 50 篇

6. S 版第十册课文计 30 篇

上述六种版本第十册课文共计 197 篇，平均每个版本约 33 篇课文。每学期近 200 篇文章供学生阅读，是传统的一套教材的阅读量的 6 倍。

第五节　"10＋5"阅读行动：倡导学生读整本的书

一、为什么要阅读

阅读，简单的理由，是为了得到快乐，为了丰富人的精神世界，阅读可以说是生命空间扩展的过程。

人类生活的世界有三种：

经验世界：这是非常狭小的世界，是我们人类个体直接接触、体验过的事物所构成的，是可以用经验证实的世界。经验世界具有鲜明的个体色彩。

符号世界：这是由语言、文字所构成的广大世界，是透过诠释、联想和推论所构成的世界。符号世界是全人类共有的精神世界及其不断拓展生产的世界。

符号经验世界：透过文字、语言的中介，体验别人的生活，或称"代理的经验"。

由于时间、空间、思维的限制，个体的经验世界是有局限性的。而符号世界是广漠的，是全人类共同的世界。阅读，是个体的经验世界通向人类符号世界的桥梁。人们通过阅读，可以理解、分享他人、他时的生命，来扩展自己的生命空间，这就是所谓的符号经验世界。

阅读，撑破了人类经验的樊篱，拓宽了人类的经验世界，让人类迈上了自由的精神探索之路。诸如，一个女人的分娩过程，一个男人永远体会不到；但是，通过阅读有关的作品，他可以身临其境、感同身受地体验女人分娩。这就是阅读的魅力。

阅读，是一个人立身于世的名片，阅读的层级昭示着一个人精神世界的层级。

二、阅读和阅读教学是两码事

关于读书，大致上有两种形态：学习型的读书和阅读型的读书。

学习型的读书，有较强的目的性。如成年人为了工作而读书、学生为了应对学业而读书；就语文教学而言，阅读教学属于学习型的阅读。

相对的，阅读型的读书，比较没有明确的目标，是一种习惯，是一种爱好。如果有目的地阅读，就是让生命吸收养分，让生活更丰富，让精神世界更加丰满，阅读是生活的一部分。因此人们常说阅读是终身的承诺。

阅读教学，就是让学生在读书的过程中学会读书。《小学语文课程标准》指出：通过阅读教学，使学生学会读书，通过学生、教师、文本之间的对话，培养学生收集处理信息、认识世界、发展思维、获得审美体验的能力，提高学生感受、理解、欣赏的能力，使学生具备终身阅读的能力。简单地说，今天的阅读教学是为明天的阅读做准备。

三、让学生读整本的书

叶圣陶先生是很重视整本书阅读的。"国文教材似乎该用整本的书，而不该用单篇短章……退一步说也该把整本书做主体，把单篇短章作辅佐。"这是1942年，著名语文教育家叶圣陶先生在《论中学国文课程改订》中所做的论述。至今已历时70余年，但是他的思想依然熠熠生辉。

1. 整本书阅读有助于塑造学生完整的精神世界。一本书是一个思想的体系，作家观察世界、思考人生的独特方式与独到的角度肯定在书中显现出来，塑造了一个独立、完整的意义世界，对孩子而言，可以借此完成一次整体性的建构，可能让阅读者产生一次思想的"越狱"。整本书阅读能够提升学生的人生境界，能够使学生具有更完美的人生。一本书还是一段文化的基因，书中所描述的彼时、彼处、彼事件，都是在特定的时空中发生，无不蕴含某个地域或族群特有的文化因子；一本书往往能把智育、德育、美育完美地结合在一起，学生在学习语言的过程中，就有可能大智大慧，大彻大悟。朱永新说过，一个人的精神发育史就是他的阅读史。

2. 整本书阅读有助于训练学生深刻的思维。阅读是发展学生思维的重要方式。整本书的阅读有别于碎片化的阅读，需要学生前后文联系着读，联系生活实际去读，通过与文本对话，使自己的思想不断成熟，对整本书的阅读讨论，学生能通过与他人观点进行比照，做出新的思考和判断，使思维更加深入。"整本的书"同"单篇短章"相比，知识的容量总要大些，思路的拓展总要复杂些，这对发展学生的智能都是十分有利的。整本书阅读，训练学生思维的深度、广度、灵活度。

3. 整本书阅读有助于学生习得作者独特的语言风格。整本书负载着丰富的文化信息，在阅读的过程中，学生自然会受到文化的熏陶。在阅读过程中，学生品味的语言越多，接受的文化越丰富，受到的影响也就越大，习得作者的语言风格就越多。整本书阅读的过程，必然包含智育和德育的因素，一本书就是一片语言的海域，阅读者徜徉其中，会在作家独具风格与才情的语言之流里，汲取到丰富的养分。

4. 整本书阅读有助于丰厚学生的阅读毅力。碎片化的阅读让人从容，整本书阅读大大增加了阅读的难度，需要阅读者凝神聚力、运用多种方法、克服许多困难去完成。

童年是最美好的岁月，童书是最美妙的种子。让儿童阅读整本书，就是在他们的童年播下一粒粒最美妙的种子，那是文化的种子、语言的种子、审美的种子、思想的种子……

四、"10+5"阅读行动

笔者所在的学校开展了"10+5"阅读行动。要求每个学生，暑假读 10 本书，寒假读 5 本书，假期结束进行班级、级部、学校层面的读书交流、表彰奖励。

附1.×××学校（寒假、暑假）"10＋5"阅读行动记录表（一）

序号	书名	作者、出版社、页码	本书内容	感动人、印象深的地方，疑惑之处	好词好句学到的写法
1					
2					
3					
4					
5					

学生姓名：　　　　自我评价：　　　　家长评价：

2.×××学校（寒假、暑假）"10＋5"阅读行动读书笔记（二）

书名：《　　　》

作者、出版社、页码	
本书人物、主要内容	
感动人、印象深的地方，疑惑之处	
好词好句学到的写法	
学生自评与家长评价	

（以上表格可分成4页）

五、整本书阅读推荐书目的方法

1. 结合语文教材中有关课文的学习，推荐书目。教材中不少课文，或节选了原著，或改编了原著，推荐学生阅读原著。

2. 语文教材中选编了许多名家的作品，课后推荐阅读他（她）的其他作品。

3. 根据教材中的一个人物，拓展阅读有关这个人物的其他作品。

4. 选择适合年龄段特点的作品阅读。

5. 结合学校开展的活动去读书。如某校开展了"作家进校园"活动，邀请了儿童作家曹文轩进校做报告，就布置学生读曹文轩的小说。

6. 结合当前的热点影视剧推荐阅读有关作品。

六、小学阶段整本书阅读书目推荐

关于整本书阅读，语文教育家叶圣陶先生在1941年他的《论中学国文课程标准的修订》中对"读整本的书"明确提到："把整本书作主体，把单篇短章作辅佐"，后因各种局限，叶老只对初高中阶段提出了读整本书的要求，并未提及小学。历史走到今天，随着语文教改实验的多姿多彩，许多有识之士对小学阶段的整本书阅读进行了大量卓有成效的实践与探索。

新义务教育统编教材已关注整本书阅读，设立了"快乐读书吧"板块，如二年级上册让学生读的童话故事有5本：《小狗的房子》《孤独的小螃蟹》《小鲤鱼跳龙门》《一只想飞的猫》《"歪脑袋木头桩"》。由于统编教材小学语文刚发行到第三册，其他年级的整本书阅读的书目是什么，目前不得而知。和专家私下交流，文体范式为：三年级（上）童话，三年级（下）寓言；四年级（上）中国神话、希腊神话，四年级（下）科普文章；五年级（上）中国民间故事，五年级（下）中国古典名著；六年级（上）小说，六年级（下）世界名著。但这些远远不能满足孩子们的需要，不能满足阅读教学改革的需要。笔者在多年的小学语文整本书阅读的实践中，几经探索，确立了以下读书篇目，供专家、学者、家长参考。

1~2年级推荐书目

1. 《狐狸列那的故事》

2. 《猜猜我有多爱你》（绘本）

3. 《可爱的鼠小弟》

4. 《木偶奇遇记》

5. 《哪吒传奇故事》

6. 《舒克和贝塔的故事》

7. 《爷爷一定有办法》（绘本）

8. 《阿凡提的故事》

9. 《逃家小兔》（绘本）

10. 《安徒生童话选》选一本

11. 《大个子老鼠小个子猫》

12. 《格林童话选》选一本

13. 《花婆婆》

14. 《晚安，秋千》

15. 《三毛流浪记》

16.《丁丁历险记》

17.《宝葫芦的秘密》

18.《今年你七岁》

19.《小猪唏哩呼噜》

20.《了不起的狐狸爸爸》

21.《小熊温尼·菩》

22.《胡萝卜种子》

23.《月亮的味道》

24.《小精灵的秋天》

25.《鼹鼠的月亮河》

26.《蚯蚓的日记》

27.《稻草人》

28.《笨狼的故事》

3～4年级推荐书目

1.《月亮不见了》

2.《活了一百万次的猫》

3.《亲爱的汉修先生》

4.《窗边的小豆豆》

5.《伊索寓言》

6.《夏洛的网》

7.《五个孩子和凤凰与魔毯》

8.《女巫》

9. 《中国童话》

10. 《长袜子皮皮》

11. 《一千零一夜》

12. 《爱的教育》

13. 《火鞋与风鞋》

14. 《小鹿斑比》

15. 《格林童话》

16. 《笨狼的故事》

17. 《雪地寻踪》

18. 《魔法手指》

19. 《狐狸小学的插班生》

20. 《安徒生童话》

21. 《一百条裙子》

22. 《蓝鲸的眼睛》

23. 《魔法师的帽子》

24. 《时代广场的蟋蟀》

25. 《小兵张嘎》

26. 《装在口袋里的爸爸》

27. 《青鸟》

28. 《中外神话传说》

29. 《大林和小林》

30. 《木偶奇遇记》

31. 《森林报》

32.《天方夜谭》

5~6年级推荐书目

1.《严文井童话选》

2.《铁路边的孩子们》

3.《草房子》

4.《柳林风声》

5.《史记故事》

6.《哈利·波特》系列，选一册

7.《桥下一家人》

8.《小王子》

9.《秘密花园》

10.《风与树的歌》

11.《我的妈妈是精灵》

12.《海底两万里》

13.《女生日记》

14.《一只狗和他的城市》

15.《西游记》

16.《聊斋志异》

17.《昆虫记》

18.《夏日历险》

19.《假如给我三天光明》

20.《城南旧事》

21.《男生贾里全传》

22.《女水手日记》

23.《高士其科普童话》

24.《少女的红发卡》

25.《幻城》

26.《希腊神话》

27.《挪威的森林》

28.《天王猫》

29.《三重门》

30.《青铜葵花》

第六节　国学经典诵读的银杏树模式：
传承优秀文化、打牢人生的底色

  笔者工作的学校楼前有两株银杏树，葱葱郁郁，都有500多年的历史。银杏树生命力旺盛、挺拔优美，是因为它的根扎得深，扎得远！一个现代社会的人，它的根应该往哪里扎？怎样才能适应飞速发展的社会变革？银杏树给我们深刻的启迪，人的发展根基应该深深扎根于民族文化之土壤，从民族文化中汲取营养，从优秀的经典文化中吸收养分。根扎得越深，人发展的后劲就越足，人生就越精彩。它也是中华文化的象征，所以学校国学经典读本就取名《银杏树》，由光明日报出版社出版。学校打造了银杏树诵读模式品牌。

一、《银杏树》读本简介

共选编了六部分内容：

第一部分，选编部分经典诗词。

每周向学生推荐诗词 1 首，一学期共推荐 26 首，一学年共推荐 52 首，小学毕业就能诵背 312 首古诗。

第二部分，选取蒙学教材部分内容。

1. 《三字经》南宋王应麟作，涵盖中华上下五千年历史、文化以及伦理道德，言简意赅，极方便儿童诵习。全书文笔自然流畅，概括了中华五千年历史的变迁，历来备受赞誉。（全文选用）

2. 《千字文》为南朝梁周兴嗣作，短短千字，字不重复而能做到包罗万象又意思通顺颇具文理，难能可贵。（全文选编）

3. 《百家姓》是我国流行最长，流传地域最广的一种蒙学教材。现在对姓氏的了解已无多大意义，了解概貌即可。

4. 《弟子规》为清明康熙年间李毓秀作。该文具体列举出在家、出外、待人接物及求学应遵循的礼仪与规范，讲求家庭与生活教育，颇有文采，又非常实用，受到人们的重视。（部分选用）

5. 《增广贤文》作者和成书年代不详，讲中国人处世之道，阐释深刻的人生哲理。句法灵活多变，读来朗朗上口，通俗易懂，明白如话，因而易于为人们接受。（部分选用）

6. 《笠翁对韵》是明末清初李渔的著作。包罗天文地理、花木鸟兽、人物器物等的虚实对应，节奏明快，朗朗上口，是训练儿童作诗对句、掌握对偶技巧、声韵格律的最佳启蒙读物。（部分选用）

7.《治家格言》明末清初学者朱伯庐作。《治家格言》虽然短短五百余字，却通俗易懂，做到了以"修身""齐家"为宗旨，集儒家做人处世方法之大成，思想植根深厚，含义博大精深。（全文）

第三部分，选取四书五经部分内容

四书五经是四书和五经的合称，儒家经典书籍，是封建社会科举考试的重要内容。四书指的是《论语》《孟子》《大学》和《中庸》；五经指的是《诗经》《尚书》《礼记》《周易》《春秋》（建议选取部分内容）

第四部分，选取诸子百家的文章（选取部分）。

1. 老子，春秋时思想家，道家学派创始人。著有《老子》一书。《老子》也叫《道德经》，被誉为"万经之王"。全书5000余言，81章，分上下两篇，上篇称《道经》，下篇称《德经》。

2. 孙子，名武，春秋末期齐国人，后人尊称为"兵圣"。《孙子兵法》十三篇，从《计》开始，有《谋攻》《军形》《作战》，被誉为"兵学圣典"。

3. 墨子，名翟（dí），墨家学派的创始人，著录《墨子》有七十一篇，后广佚十八篇，故今本《墨子》仅五十三篇。

4. 荀子，名况，字卿，著有《荀子》三十二篇，其中《天论篇》《劝学篇》等最有代表性。

第五部分，选取二十四史中部分章句

二十四史，是我国古代二十四部正史的总称，建议选取部分名句推荐给学生。二十四史即：《史记》（汉·司马迁）、《汉书》（汉·班固）、《三国志》（晋·陈寿）、《后汉书》（南朝·范晔）、

《晋书》(唐·房玄龄等)、《宋书》(南朝梁·沈约)、《南齐书》(南朝梁·萧子显)、《陈书》(唐·姚思廉)、《梁书》(唐·姚思廉)、《周书》(唐)、《魏书》(北齐·魏收)、《北齐书》(唐)、《隋书》(唐·魏征等)、《北史》(唐·李延寿)、《南史》(唐·李延寿)、《新唐书》(宋·欧阳修、宋祁)、《旧唐书》(后晋·刘昫等)、《旧五代史》(宋·薛居正等)、《新五代史》(宋·欧阳修)、《宋史》(元·脱脱等)、《金史》(元·脱脱等)、《辽史》(元·脱脱)、《元史》(明·宋濂等)、《明史》(清·张廷玉)

第六部分，其他国学经典作品，如四大名著、元曲等。

感兴趣的读者，可以阅读本人主编的《国学经典拔萃》。

二、银杏树诵读模式的主要诵读策略

银杏树诵读模式，主要策略是：立足于语文教材，充分挖掘国学教育元素；充分用好国学经典读本《银杏树》，发挥家长、教师的推荐作用和学生的自主性。

三、用好语文课本

(一) 义务教育语文教材中的国学教育元素，主要体现在三种课文类型上

1. 古诗古文

义务教育教材小学语文课本中有不少的古诗古文，如苏教版小学语文六年级教材中背诵的诗词篇目有：

《示儿》(死去元知万事空)

《闻官军收河南河北》（剑外忽传收蓟北）

《观书有感》（半亩方塘一鉴开）

《冬夜读书示子聿》（古人学问无遗力）

《如梦令》（常记溪亭日暮）

《夏日绝句》（生当作人杰）

《石灰吟》（千锤万击出深山）

《渔歌子》（西塞山前白鹭飞）

《马诗》（大漠沙如雪）

《墨梅》（吾家洗砚池头树）

2. 文包诗特点的课文

苏教版语文教材，推出了一种新的文体——"文包诗"。

一般是根据有关名诗名词名诗的创作背景或诗人的写作经历编写成的一个个优美的故事，最显著的特点是：文中有诗，"诗"是"文"的故事中心和感情升华，"文"是"诗"的背景材料和注释说明。"诗"与"文"相映成趣，浑然一体。这种文章能辅助学生学习古诗词，拉近学生与古人的距离，使读者易于入境入情，感受到古诗的形象美、音乐美、意境美。

3. 国学经典作品改编的课文

语文教材中有很多根据中国古典名著选编或改编的课文，如《三顾茅庐》《负荆请罪》《林冲棒打洪教头》和《三打白骨精》等。

(二) 不同类型课文的教学策略

1. 古诗词教学策略

古诗词教学有两个根本要点，一是读，二是想象。

(1) 读。古诗词作为汉语作品中最具有"歌"性的文体,最早诗歌是原始人类在劳动过程中,为协调生产劳动节奏和激发劳动热情的歌唱。它有着乐曲的韵律、节奏,比较讲究韵脚的合辙、平仄的搭配,强调字数、句数的整齐。因此,朗读起来也朗朗上口,铿锵有力,节奏明快,自然而然地产生乐感,让读者感受到悦耳顺畅的音韵美,匀称和谐的节奏美。

古诗词教学最根本的策略是"读",离开朗读,古诗教学便成为无本之木、无源之水了。

这个观点似乎老生常谈,人人皆知。但如何做到"读出意、读出形、读出味、读出神",而不是枯燥的读、小和尚念经式的读,确实又不是一件容易的事。

古诗词教学,应以读贯穿教学的全流程。"读"大体分为四个层次:一是初读,读准字音,读通诗句;二是再读,读出节奏,有板有眼;三是精读,读出诗意,读出味道;四是品读,读出诗境,有声有色。

(2) 想象。古典诗词言简意丰,贵在含蓄,时空跌宕,非联想、想象不能领悟其意境与意趣。名著《红楼梦》中香菱学诗的片段耐人寻味:"据我看来,诗的好处,有口里说不出来的意思,想去却是逼真的。有似乎无理的,想去竟是有理有情的。"黛玉笑道:"这话有了意思,但不知你从何处想?"香菱笑道:"我看他《塞上》一首,那一联云:'大漠孤烟直,长河落日圆。'想来烟如何直?日自然是圆的;这'直'字似无理,'圆'字似太俗。合上书一想,倒像是见了这景的。若说再找两个字换这两个字,竟再找不出两个字

来。"（引自《红楼梦》）

香菱学诗给我们的古诗词教学带来以下启示：

一是，"口里说不出来的意思"要通过"想象"去完成，因为"想去竟是有理有情的"。

二是，"想象"是整体意象观照下的想象，要整体把握。在教学中，不要字字想、词词想、段段想、处处想，"'直'字似无理，'圆'字似太俗"，过细过碎。

笔者探究了诵读悟情教学模式，以读贯穿，具体步骤是：

一读，读准诗词。

二读，读懂诗词。

三读，读出画意。

四读，感悟意境。

五读，体验感情。

六读，拓展延伸。

綦飞老师执教《清平乐　村居》

教学目标

1. 读准词语，认识生字。弄明白"媪""相媚好""无赖"的意思。弄懂词义。

2. 感受词的意境美，体会字里行间表达的那种其乐融融的幸福之情，读出其中味道并能背诵。

3. 初步了解词的知识，感悟体会读诗品词的基本方法：想象、品味、揣摩、了解背景。

教学过程

一、导入新课

让我们穿越历史的时空，来到800多年的一个夏日，去欣赏一幅幽静优美的画面，学习一首非常美的词。

二、读词

（一）一读，读准诗文

1. 范读2~3遍。①一个难认的字，两个多音字。听听老师怎么读。自由读。指读②读词要注意节奏。（书：节奏）。再听老师读，注意停顿。指读。自由读。

2. 了解词的知识。看一下，这首词跟以前读过的诗有什么不同？据学生的回答相机点拨：词又称长短句。称为上阕下阕或上片下片。词牌名代表词的一种固定格式。如清平乐、念奴娇等（板书：清平乐）

（二）二读，读懂诗文

1.（板书：村居）。看题目，你知道这首词写的是什么吗？（描写农村的生活）

2. 这首词很容易懂。结合插图，自己读一读，看能不能读懂？不懂的地方划上问号。学生自由读。

3. 交流：读懂了哪个字或哪个词或者哪句话？指答。

相机提问或重点强调："吴音"谁读懂了？"相媚好""无赖""翁媪"（提醒学生记在书上）

引导学生想象两幅画面：（相机板书：一幅画、想象）

①醉里吴音相媚好

131

谁醉了?

走近听,想象在说些什么?心情?

②最喜小儿无赖,溪头卧剥莲蓬

"无赖"不是不讲道理吗?咋还"最喜"呢?

走近这个小儿,他什么动作?什么表情?卧

他还在自言自语呢!想象他在说些什么?

(三) 三读,读出画面

1. 把看到的通过感情朗读表达出来。指名读

2. 请其他学生闭上眼睛品味。(提问:你看到了什么?听到了什么?又想到了什么?是一幅怎样的画面?他们生活得怎样?)

3. 交流品读。

(四) 四读,感悟意境

1. 你从词中找一个字来概括全首词中所表达的感情,会找哪个?("喜"或"醉")喜从何来?为何而醉?(相机板书:一种情、品味。)

2. 这种情,要我们细细品味体会。通过你的朗读,把这种情传递给每一个人。

(五) 五读,体验诗情

1. 当作者看到祥和宁静的乡村生活画面时,你能猜想到他的表情、心情吗?此时此刻你就是作者,把这种情读出来。

2. 可谓"诗言志"。(板书)古人善用诗作表达自己的心情、志向和理想,词也一样。词的背后都有一段故事。深入了解辛弃疾,就会对这首词有更深的认识。

补充资料：（师讲）辛弃疾是一位伟大的文学家。但他绝非一个文弱书生，还是一位叱咤风云、纵横沙场的威武将军！曾经带领50个骑兵闯入敌军生擒叛徒。用"能文能武、智勇双全"来形容他一点也不为过。

辛弃疾出生在被金人占领的北方，目睹了北宋人民妻离子散、家破人亡的生活悲剧，从小树立了收复国土的志向。他毅然投奔南宋，渴望建功报国的他不止一次向皇帝建议收复失地，但没有被采纳，还被贬到江西农村。这首《清平乐 村居》就是在这个时期写的。

3. 再来读这首词，面对其乐融融的乡村生活画，辛弃疾又想到了什么？

一起来吟诵这首词。

有希望，有向往，归根到底是一个字"爱"，对国之爱，对民之爱。正是这种真情，让它流传千古。再读

4. 看板书小结：一首词，一幅画，一种情、一段故事。闭上眼睛，再来赏品这首词。（配乐 齐背）

（六）六读，拓展延伸

一首词，一种情，一幅画，一段故事。辛弃疾不仅会给我们带来如此宁静柔美的画面，他也给我们带来了另一种画面。

课件出示《破阵子》（醉里挑灯看剑）全词。

师范读。学生自读两遍。

问学生，你又看到了一幅怎样的画面？表达了一种怎样的心情？（慷慨悲壮）

自由读、齐读。读出作者的情。

词中，无论是宁静温馨，还是慷慨悲壮，本质是相通的，那就是辛弃疾对国之爱、对民之爱。

再次吟诵《清平乐》，感受这种情。

三、布置作业

1. 搜集辛弃疾的其他词2~3首来读一读，感受他词描绘的画面与心情。

2. 查找更多关于辛弃疾的故事。

3. 小练笔：将《清平乐 村居》改写成一篇小短文。

2. "文包诗"课文的教学策略

（1）精读文本，品文悟诗

读课文时，强调诗与文对照。教师要善于抓住短文中与古诗联系紧密的重点语句、重点段落引导学生朗读感悟，并且与古诗诗句对应比较，找到内容、情感、意境上的联系和语言表达上的差异，体会到"文""诗"之间的联系，从而突破学习难点。学习"独在异乡为异客"一句，细读文章第一段，从年龄小、时间长、空间远三个角度，体会诗人的孤独；然后引导学生再由文及诗通过对"异"的辨析，以及展开想象，加深对诗人孤独情感的切身体验。在反复对比诵读中，学生能顺利地领悟诗句含义，还能充分感受到古诗句式结构变换的奇妙和母语表达方式的丰富多变，受到语言美结构美的熏陶。

（2）借文学诗，诗文共赏

把握课型特点，"文包诗"课型的短文，不是对古诗有关背景资料的平铺罗列和对诗句意义的简单直译，而是第二次创作，是一篇语言优美、结构严谨，集资料性、趣味性、教育性、可读性于一身的精美散文。它不仅是辅助学生学习古诗的一种拐棍，更是一篇很好的阅读教材、学习范文。因此，不仅可以"借文学诗"——凭借短文的精彩叙述去理解古诗艰深难懂的诗句；还可以"借文赏诗"——凭借文本对古诗意境的生动描绘，进一步绽放语言想象力，深入品味、挖掘、鉴赏古诗内在的情境美、意蕴美、音韵美；更可以边读美文、边吟美诗，两相参照，诗文共赏，相得益彰。《每逢佳节倍思亲》就是一篇优美的叙事散文与千古名诗《九月九日忆山东兄弟》的完美组合。短文对王维思念家乡做了生动具体的描绘，深刻地揭示出"佳节倍思亲"的主题。将读美文与诵古诗同时进行，反复吟诵、赏读、玩味，不但能深化对古诗意境的感悟、提高古诗词的鉴赏能力，而且可以从短文中学习语言、培养语感，提高阅读理解与表达能力，收到读文品诗的双重效果。

（3）适当延展，迁移运用

"教材无非是个例子"，语文教学的根本任务不仅仅是"教会知识"，更重要的是"学会学习"。文包诗，主要教学目标是认识"文包诗"一类课文的文体特点，初步掌握阅读此类文本的方法。教学过程中，借助课文叙述理解诗，通过朗读体验诗进而深化对文章的理解，自始至终把文和诗糅合在一起展开学习活动。以诗为核心，以文为工具的阅读，是此类文本的主要教学方法。作业布置时仿照"文包诗"形式改写一首古诗，强化语言的训练，使学语文与学语言有机结合。

附：陈艳老师的《每逢佳节倍思亲》教学设计

一、检查预习，感知内容

检查生字词语，学习"幼""逢"等生字。

二、朗读诗歌，把握节奏

1. 课文都会读了吗？检查读2－3段。

补充资料："山东"指华山东面，王维的家乡蒲州在华山东面。"兄弟"，兄指哥哥，弟是弟弟，"弟"应该读第四声。

再指名学生朗读诗歌。

2. 读诗要注意停顿，根据老师画好的节奏读一读？请两生读。

3. 师：要想读好诗，关键要读出诗中的情感。看看这首诗表达了作者怎样的感情？（思念亲人）

4. 这篇课文的主要内容是什么。学生概括。交流。

三、诗文结合，体会人物情感，理解文章

（一）第一自然段

1. 王维为什么思念起自己的亲人？感受"孤独"。

2. 课件出示：独在异乡为异客，两个"异"字，意思有什么不同？诗文对照，理解词义。

3. 感情朗读第一段。远离家乡的王维心情怎样？你离开爸爸妈妈一段时间的心情如何呢？再读。

（二）第二自然段

1. 默读，画出描写重阳节景象的句子。交流。指名读。并出示句子。

2. 重阳节是什么样的节日呢？生说（补充：人们会赏菊、吃重阳糕、吃团圆饭、登高、插茱萸等）课件演示。

3. 课件出示"看着家家户户欢度节日的情景，更加思念家乡的亲人。"自由读，仔细体会王维此刻的心情。

4. 出示：每逢佳节倍思亲诗文对照，用自己的话说说诗句的意思。

人们欢度佳节，可是王维此时却更加思念家乡的亲人了。设身处地想一想，他会想起谁？想起哪些事呢？

（三）第三自然段

1. 指名读，让学生体会诗人的心情。

2. 自由读，小组讨论问题：想起了哪些人？哪些事？教师讲述茱萸：有浓烈香味，古人重阳节登高时，插在头上，可以消灾避邪。

此时你就是王维的兄弟，想对远在他乡的王维说什么呢？

3. 王维还想了很多，省略号来表示的。王维会想些什么？指名说。

师引读出示诗第三、四句：遥知兄弟登高处，遍插茱萸少一人。齐读。

（四）第四自然段

1. 王维想起了很多人、很多事，理解思绪万千。他提笔写下了《九月九日忆山东兄弟》。

2. 文诗对照，小组讨论而后说说全诗的意思。

3. 古诗配上乐曲，学生扮演诗人诵读古诗。

小结：这首诗成了千古绝唱，成为万千游子口中的千古绝句。

4. 古筝音乐起，课件出示古诗，全班齐读。

137

四、介绍文包诗，学会阅读方法

师：说一说这首诗描绘的是一幅怎样的画面吗？

师：课文第一节对应的是哪一句诗？

生：第一句，独在异乡为异客。

师：那么，第二节呢？

生：第二句，每逢佳节倍思亲。

师：好。第三节呢？

生：第三、四句，遥知兄弟登高处，遍插茱萸少一人。

师：此是苏教版一种文章形式，叫"文包诗"。

师：还有哪些表达思乡之情的诗？

生：《静夜思》，学生背诵。

生：《泊船瓜洲》，学生背诵。

师：思乡、思亲是千百年来游子的共同话题。

师：布置作业，选择思乡诗中的一首，或者《枫桥夜泊》，先做一下调查研究，仿照这篇课文，用文包诗的形式写一写。

3. 名著改编课文教学策略

（1）以读为本，给学生充分的读书时间

有人认为在名著教学最主要的事情就是把握人物的个性、特点、品质，深入剖析人物的精神世界，所以分析串解就成了主要的教学手段，这样的教学所建立的人物形象仅仅是一些词语的叠加，是不完整的，不可能进入学生的心田。

古典名著以生动的语言，曲折动人的情节，细腻的描写，颇具个性魅力的人物形象打动学生。同时，名著对学生的精神世界的影响是深远的，字里行间蕴含着深刻、透彻且丰富的人文内涵，因此在教学中尽可能让学生咀嚼名著原来的味道。

读，对名著教学而言尤为重要，因为它是把文本语言转化为画面的最有效手段之一。让学生拥有充分的阅读时间，或朗读，或默读，或品读，在读中想象，在读中理解，文本的人物形象就能高大起来，鲜活起来，学生就能真正走入人物的内心世界。俗语曰，常念为经，常数为典，经典就是经得起重复。对待经典的书，学生就应该不厌其烦地去读。

（2）细读文本，寻找人文与语言的结合点，体味语言魅力

教学中人文感悟以语言学习为基础，语文教学的重要任务是习得语言。在训练语言的基础上提升人文修养，使语言与精神双发展。名著中人文精神的开掘须通过语言的揣摩来落实，人文精神的感悟以语言的发展为凭借。

在课文《草船借箭》中，我们细读文本就会发现这样一句话"第一天，不见诸葛亮有什么动静；第二天，仍不见有什么动静；直到第三天四更时候，诸葛亮才秘密地把鲁肃请到船里。"前两天的事完全可以不写或用简单的文字一笔带过，课文为何偏偏要这样写呢？引导学生推敲："这部分不啰唆吗？作者为什么要写前两天？每天分开来写？这样描写有什么好处吗？"在语言上看似没有什么特色的文字，教师如能抓住不起眼的文字，巧妙设计，匠心处理，就能让学生慢慢嚼出语言的味道，从而使人物形象更加丰满。

（3）从改编课文辐射到名著

李振村先生指出："名著编入教材，其任务绝对不是简单的学

字、学词、学句，改编后的课文要引发学生的兴趣，它是一个诱饵，或者说是一个缝隙，要让学生通过这条缝隙，看到一个光亮的世界，进而去读原著。"

苏教版的名著改编课文都是改编的片段，意在学生通过对改编课文的学习，了解名著，诱发学习阅读名著的兴趣，为学生打开古典名著阅读之窗。选文的目的就是抛砖引玉，由其引出相关名著的介绍，如名著的主要内容、历史地位、作者、典型人物和故事，让学生透过一枝出墙的红杏，窥见名著满园盎然春意。

古典名著课文的教学因人而异，同时由于改编课文篇幅较长，每位语文教师都会有不同的教法，教法千变万化，但我们应该把握这类文章教学的基本方向，重在激发学生的阅读兴趣，培养自主阅读能力，受到情感熏陶，感受语言魅力。

附：吴琳琳老师《三打白骨精》的教学设计

教学目标

1. 正确、流利、有感情地朗读课文有关段落。

2. 学会6个生字，认读绿线内的3个字，理解6个由生字组成的词语。

3. 了解古典文学名著《西游记》，体会白骨精的贪婪、狡猾、诡计多端；认识孙悟空的坚定、机智和勇敢。

4. 激发学生阅读原著的兴趣，指导学生走进《西游记》。

第一课时

聊天导入：看过《西游记》吗？哪个故事给你印象特别深刻？

这节课我们学习其中的《三打白骨精》——齐读课题。生读。

一、初读课文，生字读音，了解课文内容

1. 自由读课文，读准字音，句子读通顺。

2. 检查词语：（课件出示）

（1）隐瞒　癞蛤蟆　妖怪　斋饭　咒语

（2）嘴馋　拎着　骷髅　紧箍咒

（3）山势险峻　三番两次　峰岩重叠

（4）蒙骗

3. 检查课文朗读，课文讲了一件什么事？标出孙悟空三打白骨精的相关段落。

4. 介绍概括课文主要内容的一种方法：扩充课题的方法。练习交流概括课文主要内容。

二、讲读白骨精三变

1. 课件"师徒四人来到一座高山前，只见山势险峻，峰岩重叠。"

2. 指名读，评价。

3. 原著中是这样写环境的：

唐僧师徒四人来到一座高山前，看不尽峰岩重叠，涧壑（hè）湾环，虎狼成阵走……大蟒喷愁雾，长蛇吐怪风……千峰巍列日光寒！

4. 学生谈各自感受。

5. 出示："白骨精不胜欢喜"那个自然段。

6. 指导朗读，把你感受到的，用朗读表达出来。

7. 浏览课文，用横线画出白骨精三变的句子。

一变：（课件出示）

1. 一变貌美的村姑，用意是——

2. 原著中是这样写的（课件出示）：说不尽那眉清目秀，齿白唇红，柳眉积翠黛（dài），杏眼闪银星，体似燕藏柳，声如莺啭（zhuàn）林……

（体会"村姑"的貌美，思考"村姑"会说什么？朗读体会。）

3. 白骨精变得如此美，用意是什么？生：它施了一招"美人计"。

二变：

1. 过渡：一计不成，又施一计。白骨精第二次是怎样变化的？（学生回答，出示内容）

2. 这一变的用意又是什么？讨论。品析"闪"。

三变：

1. 过渡：白骨精变成八旬老妇，想博取唐僧的同情，第三次有什么变化？（出示，学生齐读）

2. 这一次白骨精的用意是什么？原著中的文字出示：

手挂龙头拐，身穿鹤氅（chǎng）轻。数珠掐在手，口诵南无经。

3. 探究，白骨精第一变失败了，为什么还要来第二次、第三次变化？三变的顺序能否颠倒？你认为白骨精有什么特点？

三、总结

在三变中，我们品味到了白骨精的贪婪、狡猾、诡计多端。课后阅读《西游记》第二十七回"尸魔三戏唐三藏,圣僧恨逐美猴王"。

第二课时

一、导入

上节课,学习了白骨精的三变,了解到她的特点贪婪、狡猾、诡计多端,这节课学习悟空的三打、唐僧的三责。

二、继续探究

1. 自读课文,想想课文中是怎样描写孙悟空三打白骨精的?

一打,课件出示:

"悟空从南山摘桃回来,认出村姑是个妖精,举起金箍棒当头就打。"

唐僧的反应是——你从中读懂了什么。

二打,(课件出示):"悟空见又是那妖精变的,也不说话,当头就是一棒。"

唐僧的反应是什么?学生读有关句子。指导朗读。

三打,

(1)(课件出示)有关语段——

(2)读第三次打的内容,比较与前两次打有什么不同?小组讨论。

(3)学生品析。

(4)从悟空的三打白骨精中,你认为悟空有什么性格特点?

三、小结

白骨精被打现出了原形，这次唐僧的反应是什么？

拓展：结果非所愿，唐僧赶走了孙悟空。读原著"尸魔三戏唐三藏，圣僧恨逐美猴王"这一回。

四、作业布置

花一个月的时间读《西游记》，参加我们班级的《西游记》聊书会。

板书设计：

$$孙悟空——三打——白骨精$$
$$\downarrow \qquad\qquad\qquad \downarrow$$

机智　　　　　　狡猾

勇敢　　　　　　贪婪

坚定沉着　　　　诡计多端

四、用好校本教材《银杏树》，实施"1+X"推荐模式

毋庸置疑，语文教材是进行语文教学活动的主要凭借，在教师、家长、学生中有着无可替代的地位。如何将教材内容和经典诵读有机融合？"1+X"推荐模式是笔者探索的一个成熟的模式。

在1+X中，"1"是指语文教材中的一篇课文、一首古诗词或一道练习题，"X"指一篇或多篇国学经典推荐篇目，"+"是指通过"1"带动"X"篇补充推荐诗文的学习，把"1"中学到的方法迁移到"X"中或带动"X"的学习。有如下形式，以苏教版第11册为例说明：

1. 教材中的一首古诗词、一篇文言文带动一篇或多篇推荐古诗文的学习，如学完第 3 课古诗二首中的第二首《所见》（意欲捕鸣蝉，忽然闭口立），向学生推荐《小儿垂钓》。

2. 教材中的一篇文包诗体裁的课文或由国学经典名著改编的白话文，带动一篇或多篇推荐古诗文的学习，学完第 23 课《林冲棒打洪教头》，推荐《水浒传》原著第八回读一读。

3. 教材中"单元练习"中的习题、"综合性学习"中的一个题目，带动一篇或多篇推荐古诗文的学习，如"练习1"的第二题是将"全班同学分成两组，轮流背诵带风的诗句，看哪个组背得多"，给学生一定的准备时间，学生一定会学会很多与"风"有关的诗文。

4. 教材中的一篇现代文，带动一篇或多篇古诗文的学习，如《黄山奇松》是一篇现代文，学完本课以后可以链接古人是怎样描写黄山奇松的，或背诵写松树的诗句。学完《荷花》向学生推荐《爱莲说》。

第七节　切实落实立德树人：阅读教学中的思想教育谈

立德树人是教育的根本任务。语文是义务教育中的一门重要学科，人文性与工具性的辩证统一是语文学科的突出特点。德育元素是文章的固有内容，生态语文就是要顺其自然地对学生进行德育教育。针对学科特点，在阅读教学中科学适度地挖掘教材的思想教育元素，对学生进行生动有效的思想教育，是我们小学语文教师义不容辞的责任和使命。

本节旨在就阅读教学中的思想教育问题谈几点体会。似乎是老生常谈，但经历时代的风风雨雨，阅读教学中的思想教育必须加强。

一、抓课文中心，明确思想教育的着重点

教材中的思想教育因素是极为丰富的，涉及道德、情操、政治、思想、心理品质等方面。具体就一篇文章而言，所蕴含的教育因素也是多方位多侧面的。在实际教学中，既不能随便选取一点对学生进行德育教育，也不能把文本中牵涉到的教育因素一股脑儿都挖掘出来硬灌输给学生，更不能随意拔高、偏离作者、编者的意图任意发挥。而必须有一个借鉴标准，这个标准就是文章的中心，中心思想是作者写作目的的集中体现和核心表达。准确地把握文章的中心，明确思想教育的着力点，这是教学中渗透思想教育的关键。

准确地把握文章的中心，首先要像排球运动中的传球要到位，使思想教育到位，切中要害。如《惊弓之鸟》的教学，一方面让学生知道成语的含义："比喻有的人受到惊吓，再遇到一点情况就害怕得不得了"，另一方面更重要的是使学生明白："只有善于观察，善于思考，才能对事物有所认识、发现本质。"《养花》一文也不应让学生仅知道作者是怎样养花爱花的，怎样热爱劳动的，更重要的是培养乐观的态度和高尚的审美情趣。

准确地把握文本的中心思想，强调到位，但又不能越位。尤其那些中心思想比较含蓄的课文，常常因时代的特点、教师着眼点、读者的眼界不同等因素，对它们的中心内容不同的人有不同的理解，甚至有较大的差异。因而准确地把握文章中心就显得很是重要。

《月光曲》讲的是贝多芬创作名作钢琴奏鸣曲的一个动人传说。这篇课文告诉我们什么呢？有人认为是表现贝多芬痛恨资本主义制度，理由是皮鞋匠联想到"海面上刮起了大风，卷起了巨浪"，认为"大风""巨浪"这是当时社会的真实写照。果真如此吗？答案是否。笔者认为它的中心应当是表现贝多芬对穷苦人民的深切同情和悲悯。怎样得出这样的结论呢？（1）从文本中重点词句去考虑：既然"刮起大风卷起巨浪"是对黑暗社会的反映，那么贝多芬胸中应该是愤为不平的，具有音乐造诣的盲姑娘也会从弹曲中体会到演奏家的愤怒，并且"溢之于表"，在脸上显示出愤怒来，而课文中为什么却说盲姑娘的脸是"恬静"的呢？矛盾。（2）从作者的写作路径看：既然作者想表现贝多芬的愤怒，为何文章开头要描写莱茵河边的幽静、环境的美好、月色的清幽呢？后文中写鞋匠的联想用大段篇幅写"海上明月共潮升"的优美景色呢？在文章最后写兄妹俩陶醉了，却不写他们难以扼止住内心的愤慨呢？（3）从贝多芬的思想状况看：自由、平等、博爱的思想是贝多芬的人生理想，而抨击社会的黑暗，与黑暗社会抗争是十九世纪的贝多芬所认识不到的，因而我们不应把揭露当时社会的黑暗，愤恨黑暗的社会制度的"桂冠"莫名其妙地加在贝多芬头上。我们认为皮鞋匠的想象和联想中，"海上升明月"的意境是优美的，而"巨浪""大风"也不是不美了，是另一种形态的美，是壮美。一个享誉世界的音乐大师用音乐把盲姑娘带到了从未看到过的世界里，这本身就体现了贝多芬对劳动人民的深深同情与关怀。

准确地把握文章的中心，还不应该受政治气候的影响，要审慎

147

合理地确定。《第一场雪》是一篇传统课文，旧版的参考书上确定的中心思想是表现作者关心农民、关心农业生产的思想感情，而现在随着左的路线的清除，确立教学目标时就不能以此作为思想教育的重点，而应视其为一篇对学生进行审美教育的好教材。

有些课文的思想教育着力点则应从编者编排意图上去把握。原人教版教材中《鲁班学艺》是原人教版小学阶段的最后一篇课文，它告诉人们学艺要心诚，要下苦功夫，方能把技术学到手，这是文章所讲的主要内容。但我们还应这样考虑：《鲁班学艺》所在单元组的其他文章《在仙台》表达了鲁迅先生对老师藤野先生的尊敬，《书的故事》反映了卖票工人对导师鲁迅先生的尊敬和感激，以此推论，鲁班所以学到艺，是不是和尊敬师傅有关呢？编者把它放在教材的最后，是不是告诫即将毕业的学生不要忘记自己的启蒙老师，同时要不断进取，尊敬中学的老师吗？因而也可以把尊师的内容作为教育要点之一。

二、抓文章重点，明确思想教育落脚点

古人说："道非文不著，文非道不生。"一语道出了文与道、思想与文字辩证统一关系，语文教材中的思想教育因素深深地潜藏在每篇课文的字里行间。语文教学也应该通过语言文字的训练渗透德育，在能力形成素养提升的过程中渗透德育。如果脱离具体的语言文字进行所谓的德育，就会使德育教育架空，诚如袁微子先生所言："假如将教书育人割裂开来看待，即使各学科都重视进行马克思主义思想教育，恐怕免不了皮肉不粘连，难以达到全面发展的目的。"因

而教学中必须牢牢地抓住思想教育的载体——语言文字。一篇课文中的语言文字在表现文本中心思想方面所起的作用是不相同的，但总有最能表达文章中心的重点的字、词、句、段，这重点的字、词、句、段就是思想教育的落脚点。教学中，引导学生对重点词句段细细品味，深入挖掘，"探幽索隐"，就能使德育教育确实落到实处，提升学生的认识。

笔者在教学《我的战友邱少云》时，就紧紧地抓住"纹丝不动""担心"和文章倒数第三自然段中的两个"才"字，对学生进行德育渗透：抓"纹丝不动"，使学生明确志愿军潜伏的任务是什么，为后文邱少云在大火中"没挪动一寸地方，没发出一声呻吟"的理解体验，对英雄的伟大精神的认识奠定基础；抓"担心"，让学生从焦灼不安的内心活动中深刻体会邱少云被烈火包围烧身的险恶处境；抓第一个"才"字，使学生从烈火在邱少云身上燃烧时间之长，来体会邱少云严守纪律、勇于牺牲的伟大精神；第二个"才"字，表示战斗时间结束之快，使学生深刻领会纪律是一切胜利的保证。这样就使德育渗透在具体的语言文字训练之中，既使学生受到了深刻的教育，又提高了课堂效率。

阅读教学中的思想教育，不是附加给语言文字的附属物，而是文本、语言文字中固有的内容，因而思想教育应和理解语言文字同步进行，两者相得益彰，对语言文字的真正理解，思想教育就在过程其中。所以，抓重点词句的品位，要有层次性，一定要让学生确实品出味来。课文《金色的鱼钩》中有这样一段话："他坐在那里，捧着搪瓷碗，嚼着草根和我们吃剩的鱼骨头，嚼了一会儿，就皱起眉头硬咽下去"。笔者在教学时,紧紧扣住"硬"字设问:(1)"硬"是什么意思?(是个多义词,勉强)(2)"硬咽"是什么意思?(不能咽也使劲往下咽,无法咽也勉强往下咽)(3)师点拨:明明咽不下去,老班长为什么还要硬咽下去呢?(为了把鱼汤节省下来给同志们吃;老班长用草根和鱼骨头填肚子,是为了能使自己活下去,可以照顾同志们走出草地)(4)句子中去掉这个"硬"字还通顺不通顺呢?去掉行不行?通过讨论,学生明白了,一个"硬"字,包含着丰富的思想内容和感情色彩,突出老班长为了同志不惜自己受苦的崇高品质。一个"硬"字,让学生看到了一个对革命无限忠诚的共产党员的光辉形象;一个"硬"字,深深地感染着同学们幼小的心灵。这样就使德育渗透成为"有源之水,有根之树"了。

三、抓内在联系,明确思想教育的集中点

毋庸置疑,工具性是语文学科的基本特点。语文教学的最终目的就是要让学生具有独立的阅读能力和阅读习惯,"使学生逐掌握语文这个工具"(原大纲语),因而语文教材在编排上是以系统的听说读写训练为系列,教学要求是循序渐进的,由简单到复杂,形成系列。一般教学时就可以顺着这样的序列稳打稳扎地进行语言文字训练。

新课改以来,特别注重主题阅读,这主题,可以是训练的主题,也可以是思想内容的主题。特别强调教师对教材使用的再创造。

要使思想教育有一相对的集中点,就要抓好同主题课文之间、不同主题课文之间、前后课文同类思想教育的联系,在前后、左右

联系中使同类思想教育要点相互照应，相互衔接，逐步深化。在教学人教版12册11课《凡卡》时，学生能认识到九岁的凡卡在城里过着悲苦的生活，但学生对文中大篇幅描写凡卡记忆中的乡村是多么美好不理解，认为凡卡与其在城受罪还不如到乡下去。殊不知，爷爷是在没办法的情况下才把凡卡送到城里去的，这点可联系同册教材第2课《伏尔加河上的纤夫》来理解。课文《伏尔加河上的纤夫》写的是沙皇统治下，人民生活痛苦不堪，连农民都破产了，只有到伏尔加河上拉纤，从事繁重的重体力劳动。这样前后联系就使学生体会到沙皇统治下，所有的穷苦人都过着痛苦的生活，这痛苦的生活是剥削制度造成的，提高了学生的认识能力，深化了思想教育。

四、抓情感激发，找准思想教育的共鸣点

列宁说过："没有人的情感，就从来没有也不可能有人对于真理的追求。"文章总是表达着作者的思想、寄托着作者的一定的情感，只有当学生的情感和作者所描述的文本对象产生感情上的共鸣时，才会受到深刻的感染和教育。因此，抓情感，找准思想教育的共鸣点，就成为语文教学德育教育的一条不可缺少的途径。

"入境而动情。"引发学生思想教育感情上的共鸣，关键是教师在指导学生学习语言文字的过程中，把学生带入文本所描绘的情境之中，感受到栩栩如生的艺术形象，产生如见其人、如临其境、如闻其声的感觉，使学生在和作者、教师的情感传递中心灵受到震颤，从中受到感染与教育。

(1) 想象入境，激发情感。小学阶段的学生思维发展的具体特点是由具体思维向抽象思维过渡，而抽象思维离不开具体的感性认知的支撑，脱离不开具体的形象。在阅读教学中，引导学生联系自己对现实生活的感受，展开丰富的想象，作者用文字描绘的画面就犹如一幕幕图片展现在学生的眼前，让学生产生身临其境之感，受到精神的感染，有位教师在教学《小音乐家扬科》的最后一段话时，让学生想象扬科去世前的样子，有的说："扬科死不瞑目，仿佛在责问这个世界——我究竟犯了什么罪！""我至死也不明白，我仅仅动了一下提琴，他们就那么狠地揍我！"也有的说："这时，妈妈一定会扑在扬科的身上，哭着，喊着扬科的名字；村里的人也围在扬科身旁，把流不完的泪，一起化为愤怒的火焰"……想象加深了对课文思想感情的理解与体会，激起了孩子们对残酷的剥削制度的痛恨。

(2) 利用直观，体会意境。直观教学手段能够为学生提供感性材料，丰富学生的认识。充分利用课文插图、教学挂图、实物、模型、录像、幻灯演示、录音等直观教具，可以调动学生从形象、声音、色彩和感觉等维度有效地感受形象，较迅速地进入教材描绘的意境之中，产生情感上的共鸣。如《海上日出》是一篇美育教育的好教材，教学时利用课件演示出日出的一步步过程，并伴以优美的范读。这样教学，学生的视觉和听觉得到了满足，画面形象直观，不住地发出啧啧的赞叹声，不仅欣赏了自然现象之壮观，而且体会到作者文笔之秀美。

(3) 扮演角色，激发情感。课本剧表演是学生快速进入情境的有效方法。通过表演，可以生动地再现艺术情境，把学生带入一种真实动人的艺术氛围中，学生仿佛置身于实际的生活画面中，从而受到感染。一位老师的《回乡偶书》的教学便是成功的范例。该老师在学生理解诗意的基础上，让学生表演年老返乡的老爷爷和一群儿童对话的情景，学生的表演生动极了，一个学生扮演儿童问："爷爷，您这么大岁数了，为什么要远路迢迢地返回故乡呢？"另一个扮演老爷爷的学生捋着胡须意味深长地说："孩子，人不能老是在外流浪，总要落叶归根呀！"该老师马上以解说员的身份点拨升华："是啊，海外的同胞所以要回乡，不也正是落叶归根吗?!"学生的感情被激发起来，爱国主义教育水到渠成，就连当时听课的上千名老师也不约而同地为此鼓起掌来。

（4）以情激情。情感传递的主要手段之一是感染。要使文本中蕴含的情感感染学生，就要求执教者首先吃透教材，理解到作品中所蕴含的感情，自己受到教育，然后以教师的情感去激发感染学生的情感，感染力引起学生情感的共鸣。在一些观摩课中，我们常发现执教者富有感染力的朗读或复述、生动形象的渲染，不仅使听课的学生心情激动，沉浸在文本所描绘的情境之中，而且让听课的老师也受到深深的感动，情不自禁地鼓掌。

语文教学中德育的内容是极为丰富的，渗透德育的方式也绝不局限于本节所述，然而，在实践中通过上述"四抓"，确实能够使学生在学习语言文字的过程中润物细无声地受到思想教育。

153

附录1

帮助学生选择好课外读物

(笔者第一篇见诸报端的文章,《小学语文教学》1989年刊发)

课外阅读是阅读教学的重要组成部分,是课内阅读教学的补充、发展,其意义正如《小学语文教学大纲》所指出的那样,"对开拓学生的视野、获得丰富的知识,培养和提高读写能力,起着重要的作用。"

但是,小学生年龄小,知识水平有限,理解认识能力不够强,鉴别能力和免疫能力较差,因而并非所有读物都适合小学生看。再加上当前社会上流传着大量非法出版的不健康读物,如何帮助学生选择好课外阅读就显得尤为重要。因此,《小学语文教学大纲》中明确指出:"教师在指导阅读时,要选择适合学生阅读的读物。"

怎样帮助学生选择和向学生推荐课外读物呢?笔者有如下做法。

1. 结合语文教材中有关课文的教学推荐课外读物

如:学完了《董存瑞舍身炸暗堡》《黄继光》等课文,可向学生推荐介绍黄继光、董存瑞等英雄人物事迹的读物;学完了《卖火柴的小女孩》可向学生推荐安徒生的其他童话作品或揭露资本主义黑暗的读物……这样做,开拓了学生的视野,巩固发展了学生课堂上所学的知识。

2. 上好课外读物推荐课

每隔一定的时间，可上一节课外读物推荐课。课上，教师选读物中的章节朗读，或简介读物的内容，或绘声绘色地描述优美的片段，或提几个饶有兴趣的问题，把学生带到故事中去，产生非读不可的愿望。有一次我是这样推荐的：在遥远的古代，人们想"捕捉"住声音，传说有人曾对着空瓶子讲话，讲完后赶紧把瓶口塞住，想把声音贮存在瓶子里，同学们，这能做到吗？为什么录音机能把声音贮存下来？电影中的人为什么会动、会说话？立体声又是怎么回事？要想弄明白这些问题，只要你读读《十万个为什么》《录音机的奥秘》等就明白了。学生会迫不及待地去借此类书。

3. 和家长密切配合，共同做好学生的课外读物的推荐工作

向家长讲明白应选择什么样的读物给学生读，充分明确给学生选择读物的原则，那就是选择的读物内容要丰富多样，表达的思想要健康，有利于学生的全面发展，形式要新颖，体裁要多样，语言要生动活泼，要适合学生的知识水平和理解水平。

4. 根据实际情况不失时机，恰如其分地推荐好课外读物

（1）根据学生的思想实际和学校班级开展的活动向学生推荐好读物。如果学生的纪律观念差，可推荐《邱少云的故事》《淘气包的奇遇》给学生看；学校开展"可爱的祖国，我爱你"的活动，可推荐有关介绍祖国的名胜古迹、大好河山、灿烂文化、悠久历史的读物给学生读，使他们受到教育，得到启示。

（2）针对学生的知识水平、认识能力向学生推荐读物。好书有

的是，并非学生都能消化吸收，都能接受。《红楼梦》是世界名著，小学生能看得懂吗？因此必须针对学生的实际选择读物。低年级可选择些简单的寓言事故、儿歌、歌词、谜语、简单的古体诗，中高年级的可选择童话、寓言故事、民间故事、战斗故事、一些介绍科学知识的读物等。还要考虑到不同学生对不同读物的需求，针对个性特点区别对待。

（3）结合重要节日、纪念日、当地的名胜古迹、历史人物等推荐读物。十月一日是国庆节，可向学生推荐革命先驱、人民打江山、保江山、建设祖国的读物，以及反映新中国翻天覆地的变化的读物。一月八日是周总理的逝世纪念日，可推荐反映周总理光辉一生的读物。

（4）还可以结合学生看电影、电视向学生推荐课外读物。如学生看了电影《在烈火中永生》可马上向学生推荐《红岩》等。

附录2

诵读国学经典　根扎文化土壤

（本人主编的国学经典读本《银杏树》
由光明日报出版社出版，自作序）

学校楼前有两株银杏树。一株雄的，一株雌的，都508岁了。每到春天的时候，枝繁叶茂，郁郁葱葱，孩子们在树下享受着无尽的快乐。当秋天来临的时候，硕果累累，黄灿灿的叶片随风飘落，孩子们把扇形的叶片珍藏在书本里，珍藏在记忆中。

银杏树生命力旺盛、挺拔优美，历代文人墨客对其赞美有加。唐代大诗人王维说，"文杏裁为梁，香茅结为宇。不知栋里云，去作人间雨。"宋代大词人苏东坡言，"四壁峰山，满目清秀如画。一树擎天，圈圈点点文章。"银杏树为什么寿龄绵长，挺拔叶茂？我禁不住和当地一位金姓老人攀谈起来。老人说，银杏树又名公孙树，爷爷辈栽下的树，到孙子辈才能吃到果实，这两棵银杏树的树根往下扎下去有几米、十几米深，往外扎出去有几十米、几百米远。噢，怪不得银杏树长得如此旺盛！因为它的根扎得深，扎得远！

根深才能叶茂。

一个现代社会的人，它的根应该往哪里扎？怎样才能适应飞速发展的社会变革？我一直在思索这个问题，银杏树给我们深刻的启迪。人的发展根基应该深深扎根于民族文化之土壤，从民族文化中吸收营养，从优秀的经典文化中吸收养分。根扎得越深，人发展的后劲就越足，人生就越精彩。"我们耳熟能详的大师都受过《三字经》《千字文》《千家诗》等传统教材的启蒙，鲁迅、茅盾、巴金、沈从文等文学大家，钱伟长、钱学森、李四光、华罗庚、杨振宁、苏步青等著名科学家都是如此。"很多著名的学者，他们孩童时期都大量背记名著。鲁迅小时候就能背《钢鉴》，茅盾能背《红楼梦》，胡适九岁之前就已熟记"四书""五经"，周祖谟能背《汉书》，陆宗达能背《左传》，钱穆九岁能背《三国演义》。张恨水十四岁之前就能背诵《三字经》《论语》《易经》《大学》《中庸》《孟子》《诗经》《礼记》《左传》《千家诗》等著作。这些现代名人的成功，与他们孩童时期打下的基础是分不开的。

根深就能叶茂。

鉴于这样的认识，我非常提倡学生诵读经典诗文。灵山卫小学从2007年8月就提出了双翼教育，要丰满学生发展的两翼，双翼中的一翼就是丰满学生的人文之翼，让学生诵读国学经典，在经典诵读中启迪智慧，感悟人生，提升素养。本书主要内容有三部分：一是古诗，学生每周一首古诗，一学年就是52首，小学六年就能诵背312首古诗；二是国学经典，主要有《三字经》《千字文》《弟子规》《论语》等经典文章片段；三是名帖欣赏，让学生欣赏优秀字帖；另附有学生诵读效果检测。我坚信：只要我们坚持不懈地抓下去，在灵山卫小学就读的学生，六年毕业后一定会诵背许多经典诗文，灵山卫小学毕业的学生一定能有坚实的发展基础。

根深必能叶茂。

附录3

提升国学经典诵读实效性的路径研究

(笔者成果2018年获山东省基础教育教学成果奖二等奖《教育》刊载)

在今天这样一个全球化的时代,让孩子诵读中华经典诗文,其作用绝不仅仅是学习语言,绝不仅仅是启迪智慧,而是担当了更加重要的使命:那就是在孩子的血液里融入民族文化的基因,播下民族精神的种子,让孩子们能够拥有一个美好的精神家园。

国学经典,历经岁月的洗礼,内容博大精深,语言凝练、富有韵律、朗朗上口,是我国民族文化的精髓,不仅蕴含着崇高的人格美和深刻的智性美,更积淀了一个伟大民族的灵魂精神,是中华民族的文化之根。

开展国学教育的重要性毋庸置疑,但推进过程中存在很多问题:

第一,观念陈旧化。有人认为在各类考试中,经典诗文考得很少,有必要下这么大的气力去搞国学诵读吗?经典诵读活动让学生背诵大量的古诗文,是不是在复古,"开历史的倒车"?是不是又要培养一些书呆子、老学究?存在着经典诵读和教学生如何做人相脱节、两张皮的现象。

第二,诵读内容无序化。文化典籍浩如烟海,到底让小学生诵读哪些内容、数量多少？有的学校把厚厚的经史子集著作原原本本地、一股脑地推到学生的面前，各个年级段读什么不清楚。中小学生课业负担过重，是一个不争的现实，再开展经典诵读活动，就会让学生不堪重负。

第三，指导策略单一化。经典文化博大精深，有的学校复制过去私塾学校的教学方法，让学生机械、单调地诵背，学生囫囵吞枣。有的教师满堂问、满堂讲，教学方法陈旧。有的地方仅追求形式的东西，让学生穿着古代的服饰、模仿古人摇头晃脑地背书，美其名曰这就是开展国学教育。

可以通过以下路径解决存在的问题：

路径一：强化国学教育元素，发挥课程育人功能

培育学生素养是经典诵读的一个清晰的目标指向，而决定学生素质的重要载体是课程。

各学科课程中都有国学教育的内容或元素，尤以语文和品德与生活（社会）、传统文化中居多。如江苏版的小学语文12册，有"课文""习作与练习"组成。课文共有24篇，其中第9课《词两首》、第20课《古诗两首》直接是国学教育的内容，第8课《三打白骨精》是根据古典名著《西游记》改编的，第10课《螳螂捕蝉》、第23课《孔子游春》等都有国学的元素。共七个习作与练习，练习2中诵读与欣赏的是李清照的《夏日绝句》，练习3的语文与生活是《红楼梦》的刘姥姥逗大家笑的章节赏析，口语交际的内容是《漫话三国英雄》，练习4中的诵读与感悟的是《古今贤文》的"不入虎穴，焉得虎子"等内容，练习6中诵读与欣赏的是李贺的《马

诗》。

再如山东省的地方课程教材《传统文化》，其中的主要内容就是经典诵读。如六年级教材的第一单元为"经典驿站"，选取了《论语（八则）》《大学（二则）》《中庸（二则）》《列子．汤问》二则，《史记·淮阴侯列传》（节选）。

遵循学科教学的规律，加强教学研究，切实上好有关的国家和地方课程的每一节课，完成既定的教学目标。通过课程，发挥其应有的育人功能，倡导经典诵读课程化。经典诵读课程化，是基于对新时期国学教育的深层思考和厘定，是以科学发展观为指导，以人的全面发展为目的，以做课程的形式，实现经典诵读的意义和核心价值。课程化使经典诵读的主题更鲜明，目标更明确，组织更科学，发展更全面，效果更有效。

路径二：依托教材，实施1+×诵读推荐模式

毋庸置疑，在语文教学中，语文教材是进行语文教学活动的主要凭借，在教师、家长、学生中有着无可替代的地位。如何将教材内容和经典诵读有机融合？"1+×"推荐模式是笔者探索的一个成熟的模式。

实施"1+×"诵读推荐模式在"1+×"中，"1"是指语文教材中的一篇课文、一首古诗词或一道练习题，"×"指一篇或多篇国学经典推荐篇目，"+"是指通过"1"带动"×"补充推荐诗文的学习，把"1"中学到的方法迁移到"×"中或带动"×"的学习。有如下几种形式，以苏教版小学语文第11册为例说明：

第一，语文教材中的一首古诗词、一篇文言文带动一篇或多篇

推荐古诗文的学习，如学完第3课《古诗二首》中的第二首《所见》（意欲捕鸣蝉，忽然闭口立），向学生推荐《小儿垂钓》："蓬头稚子学垂纶，侧坐莓苔草映身。路人借问遥招手，怕得鱼惊不应人。"

第二，语文教材中的一篇文包诗体裁的课文或由国学经典名著改编的白话文，带动一篇或多篇推荐古诗文的学习，第23课《林冲棒打洪教头》是根据施耐庵的《水浒传》有关章节改编的，学完课文后让学生找原著第八回读一读。

第三，语文教材中"单元练习"中的一道练习题、"综合性学习"中的一个题目，带动一篇或多篇推荐古诗文的学习，如练习1的第二题是将"全班同学分成两组，轮流背诵带风的诗句，看哪个组背得多"，给学生一定的准备时间，学生一定会学会很多与"风"有关的诗文。

第四，语文教材中的一篇普通的课文，带动一篇或多篇推荐古诗文的学习，如第16课《黄山奇松》是一篇现代文，学完本课以后可以链接古人是怎样描写黄山奇松的，或背诵写松树的诗句。如学习《荷花》，就向学生推荐周敦颐的《爱莲说》，既作为一个扩展阅读，又作为经典诵读一个内容，一举两得。

路径三：围绕主题，实施"主题诵读"模式

围绕着一个主题，让学生诵读多篇有关联的诗文。多篇诗文围绕一个主题，高质量的聚合在一起，丰满着一个主题，使学生获得连续的、深厚的诵读体验和阅读感受。一个诵读主题，就是一个诵读范围，就是一种情感和思想的深化，就是一种智慧在儿童小世界的大融合。主题式经典诵读，就是有脉络、系统地塑造儿童的心灵，就是让语言和精神共建儿童的智慧世界。

诵读主题举例：

例一：节气主题

开发节气课程，让节气与经典诵读有机融合。笔者编写了《跟着节气学诗词》。

二十四节气起源于我国春秋时期的黄河流域，是我国先民的文化创造，是华夏民族在历史长河中高歌奋进的节拍。十五天一个节气，算是一个节拍；十五天过完了，一个节气结束了，又一个新的节气开始了；二十四个节气过完了，二十四个节拍打完了，一年结束了，下一个轮回开始了。二十四节气让中华民族走得从容不迫，有条不紊，年复一年，延绵不断。二十四节气，从古到今指导着人们的农事活动，为千家万户的衣食住行提供了保障，发展成了一种民族的文化时间。

我国又是一个诗词王国，与二十四节气相关联的诗词更是不胜枚举。春夏秋冬、二十四节气的更迭与差异，触动着文人墨客的才智、情怀和感悟，成就了一首首的脍炙人口的诗词佳作。

弘扬传统文化，让青少年了解二十四节气知识，跟着节气、随着节气的律动读诗词，就成为我们开发节日课程、编写《跟着节气学诗词》的初衷。《跟着节气学诗词》按照二十四节气的顺序，参照2016年的农历历法，每个节气先介绍气候特点、节气民俗，再选编了约20首诗词，共480首左右，按照低年级段、中年级段、高年级段编排。

例二：节日主题

节日是文化的载体，随着传统节日的回归，中华传统文化得以传承。清明节、端午节、中秋节、重阳节、春节，是中国人重要的节日。五大节日给我们留下了大量的精神文化财富。不少学校举办了"过清明、读经典、缅忠魂、承先志"专题诵读会，"过端午、读《离骚》、思屈原"经典诵读会，"过中秋，思团圆"经典诗词朗诵会等一系列节日主题活动，产生了广泛良好的社会效果，孩子们在诵读经典中受到了感染，增长了才干。

中央电视台近几年每年都举办清明诗会，向全国直播，效果很好，可以布置孩子们收看。如《2013清明诗会》"以生命与怀想"为主题，共分三大篇章——"春和景明""清明雨上""催护新生"。诗会选取了杜牧、孟浩然、孟郊、苏轼、李白、王维、杜甫、李清照等11位唐宋名家，朱自清、余光中、艾青、冰心、俞平伯、郑愁予、海子、韩东、蓝蓝、席慕蓉等15位现当代著名诗人有关春天、清明、希望的诗歌作品近30首。

例三：季节主题

如：春天来了，生机勃勃，万象更新，孩子们的心也和季节一样明丽起来。老师就可布置同学们找春天，你学过的与春天有关的诗句或名篇有哪些？你还找到了哪些与春天有关的诗文？办一期手抄报，看你能背诵多少诗文。下面是小学高年级某班同学找到的诗句：

春眠不觉晓，处处闻啼鸟。夜来风雨声，花落知多少。（孟浩然《春晓》）

碧玉妆成一树高，万条垂下绿丝绦。不知细叶谁裁出，二月春

风似剪刀。（贺智章《咏柳全文》）

阳春二三月，草与水同色。（乐府古辞《孟珠》）

二月湖水清，家家春鸟鸣。（孟浩然《春中喜王九相寻》）

渭城朝雨浥轻尘，客舍青青柳色新。（王维《渭城曲》）

离离原上草，一岁一枯荣。野火烧不尽，春风吹又生。（白居易《赋得古原草送别》）

日出江花红胜火，春来江水绿如蓝。（白居易《忆江南》）

天街小雨润如酥，草色遥看近却无。最是一年春好处，绝胜烟柳满皇都。（韩愈《早春呈水部张十八员外》）

胜日寻芳泗水滨，无边光景一时新。（朱熹《春日》）

春色满园关不住，一枝红杏出墙来。（叶绍翁《游园不值》）

……

学生找的古诗远远不止这些，近200首。这些形成一个专题，对学生的影响将是深刻的、永恒的。

当炎热的夏季来临的时候，当金黄的秋季如约而至的时候，当寒冷的冬季降临的时候，老师都可让孩子们找寻有关季节的诗句诵读，同学们的积极性很高。

例四：其他主题

植物主题。松、梅、竹、菊是文人墨客喜欢写的主题，或咏志，或写实，留下了无数的名篇。例如可以围绕着"菊"这一主题让孩子们诵读，有很多千古名诗：

王安石："墙角数枝梅，凌寒独自开遥知不是雪，为有暗香来。"
苏轼："年年芳信负红梅，江畔垂垂又欲开。珍重多情关伊令，直和根拨送春来。"卢梅坡:"有梅无雪不精神,有雪无诗俗了人。日暮诗成天又雪,与梅并作十分春。"王冕:"冰雪林中着此身,不同桃李混芳尘。忽然一夜清香发,散作乾坤万里春。"徐渭:"从来不见梅花谱,信手拈来自有神。不信试看千万树,东风吹着便成春。"汪士慎:"小院栽梅一两行,画空疏影满衣裳。冰华化雪月添白,一日东风一日香。"……

在此不再一一列举,可以说,写梅花或与梅花有关的诗句成百上千首。围绕着"松""竹""菊"主题也有许多诗句,不仅如此,围绕着很多植物都可以确定诵读的主题。

不仅植物可以成为诵读的主题,一些物品、物件可以成为诵读主题,动物可以成为诵读主题。此外还有山水主题、哲理主题、离别主题、爱国思乡主题、友情亲情主题、得意失意主题……

路径四:编写经典诵读校本教材,"使用教材按计划推进"模式

在开展国学经典诵读活动的学校中,不少学校都开发了具有本校特色的校本教材,或者借用别的出版物作为经典诵读活动的凭借,各个年级每学期诵读哪些内容都应该有明确的计划与安排。

所选篇目文质兼美、确属经典的原则要精心遴选文质兼美的文章,剔除那些思想陈腐、语言枯燥、内容艰深的篇目,所选篇目要基本具备这样几个特征:

一是历经岁月淘洗,具有穿越时空的魅力,为历代读者所喜爱,如《三字经》《千字文》,如王之涣的《登鹳雀楼》:"白日依山尽,黄河入海流。欲穷千里目,更上一层楼。"二是闪耀着思想的光芒,散发着人性的光辉,传递着永恒的精神,给人以心灵的愉悦和审美

的享受，如"慈母手中线，游子身上衣。临行密密缝，意恐迟迟归。"三是具有巨大的艺术魅力，语言优美，音韵和谐，脍炙人口，是语言表达的典范之作。如"离离原上草，一岁一枯荣。野火烧不尽，春风吹又生。"

此外，所选篇目要与学生的年龄、心理特点基本相适的原则。在实施教学活动当中，教师应该根据学生的年龄特点和认知水平，按照由浅入深、循序渐进的原则，在不同的阶段安排相应的诵读内容。

笔者认为小学阶段国学经典诵读的内容有：

一是选编部分唐诗、宋词、元曲等经典诗词，每周向学生推荐一首，一学期26首，一学年共计52首。

二是选取传统蒙学教材中部分内容。《三字经》《千字文》《百家姓》《弟子规》《增广贤文》《治家格言》等是过去私塾蒙学教材，哺育了一代一代的中国人。文字通俗易懂，思想植根深厚，含义博大精深。

三是选取四书五经部分章节。四书五经是四书和五经的合称，是中国儒家经典的书籍，是中国封建社会科举考试的重要内容。四书指的是《论语》《孟子》《大学》和《中庸》；五经指的是《诗经》《尚书》《礼记》《周易》《春秋》。

四是选取老子、孙子、墨子等诸子百家的文章部分章节。

五是选取二十四史中部分章句。二十四史，是我国古代二十四部正史的总称，建议选取部分名句推荐给学生。

六是其他国学经典作品，如四大名著、元曲等。

参考文献

[1] 杨德华. 关于生态语文的思考 [J]. 语文建设, 2016.

[2]《小学语文课程标准》.

[3] 袁学军. 我国识字教学的主要流派及启迪 [J]. 成人教育. 1992.

[4] 崔峦. 求是 崇实 鼎新：崔峦小学语文教育文集 [C]. 北京：人民教育出版社, 2011.

[5] 特级教师黄亢美语文教学特色赏析. 语文网. 2011.

[6] 小学语文教科书. 人民教育出版社.

[7] 小学语文教科书. 北京师范大学出版社.

[8] 小学语文教科书. 江苏教育出版社.

[9] S版小学语文教科书. 语文出版社.

[10] 小学语文教科书. 浙江教育出版社.

[11] 小学语文教科书. 长春出版社.

[12] 杨德华. 国学经典诵读的教学策略研究 [M]. 北京：东北师范大学出版社, 2014.

[13] 叶圣陶. 叶圣陶教育文集 [C]. 北京：人民教育出版社, 1994.

后 记

为了语文教育的理想

十九岁时，中师毕业上了一节实习汇报课，被当地一所名校的业务校长相中，便留在了这所学校。从此以后，一直从事小学语文教学工作，至今三十三年了。

其间，对语文教学有些肤浅的感悟，也断断续续地发表了一些文章，出版了一些专著。刚参加工作时，阅读了不少的教育专著和语文教学方面的书籍，对语文教学憧憬颇多，充满着理想主义的色彩；随着教学实践的深入，语文教学带上了功利主义、形式主义色彩，今天这样改改，明天那样试试，总感觉和理想中的语文教学有差距。现在想来，我和广大语文工作者一样，对语文教学有着复杂的情感。

我们深爱着，我们每个人都深爱着我们的母语，每一位语文工作者都在执着地从事着我们的母语教育。

我们自豪着，语文教育的历史悠久。可以说，自从有了语言的传递，也便有了语言的教育，母语教育伴随着中华民族的生息繁衍而诞生和发展。可以预言，只要中华民族存在，我们的母语教育就存在！

我们高兴着，语文教育改革的历程波澜多姿。从私塾到学堂到学校，从蒙学的"三百千"到现代教育内容的科学化，无数仁人志士为语文教育的改革呕心沥血，积累了许多宝贵的经验，涌现出了许多大师级的人物。

我们痛苦着，语文教育依然存着费时低效的问题。尽管语文教育的改革硕果累累，但存在的问题依然不少，近几十年我们的语文教育是在人们的争议和反复中进行着，费时低效的病症没有得到根治，人文性和工具性在实践的层面上一直没有得到有效的统一，"非语文性""泛语文化"的东西一直在冲击着我们的语文教育，语文课堂表面热闹化和浮躁化比比皆是……

我们探索着，我们努力通过教育科研来解决语文教学中存在的问题。

我们憧憬着，理想的语文教育什么样？我的答案是语文教育要走生态语文之路。语文教育要致力于学生语文素养的全面提升，要遵循语言学科教学的本质规律，要很好地继承我国传统语文教育的成功经验，更要结合时代的进程吸纳先进的教改理念。语文教育应当是高效的，语文教育应当是简约的，从事语文教学应当是幸福的，语文的学习应当是快乐的。要切实通过改革，提高语文教师教语文的快乐指数，更要提高学生学语文的快乐指数，进而提高师生教学语文的幸福感。

我们展望着，只要不断探索，我们的语文教育就一定会朝着理想的目标迈进。

生态语文，让语文教育走向美丽的境界。